LES

SOUVERAINS A PARIS

Paris. — Imprimé chez Jules Bonaventure,
55, *quai des Grands-Augustins.*

ADRIEN MARX

LES

SOUVERAINS A PARIS

Portraits Photographiés par Franck.

PARIS
E. DENTU, EDITEUR
LIBRAIRE DE LA SOCIÉTÉ DES GENS DE LETTRES.
PALAIS-ROYAL, 17 ET 19, GALERIE D'ORLÉANS.

1868

AVANT-PROPOS

L'Exposition universelle de 1867 a jeté sur notre patrie un éclat extraordinaire.

Outre la grandeur du spectacle qu'elle a donné au monde, elle offre ceci de particulier qu'elle est la plus complète exhibition de ce genre : l'initiative en revient à l'Empereur.

Il est assez curieux aujourd'hui de se reporter à ce que fut la première Exposition, et c'est un travail historique que je crois intéressant.

La France a eu, la première, l'idée d'exposer les produits industriels; la première elle a compris que le commerce est une force et une richesse pour un pays et qu'il en atteste le génie et la vitalité.

Elle a donc ouvert un temple à l'industrie: et, chose singulière, c'est au Champ-de-Mars que s'est tenue la première Exposition, le 15 septembre 1798.

L'exemple de la France a été suivi et son idée a été comprise et partagée, mais elle s'est toujours tenue à la tête du mouvement, puisqu'elle vient de célébrer sa quatorzième Exposition.

J'ai dit que la première de ces solennités pacifiques avait eu lieu au Champ-de-Mars, mais quel curieux contraste avec la dernière!

On ne pensait pas alors à convier les étrangers; aussi les commerçants eurent-ils si peu de temps pour se préparer, que l'on fut obligé de reculer le terme fixé pour l'ouverture.

L'arrêté du ministre commençait en ces termes:

MINISTÈRE DE L'INTÉRIEUR.

*La proximité du terme fixé pour l'*EXPOSITION PUBLIQUE DE L'INDUSTRIE FRANÇAISE (*sextidi 26 fructidor an VI*) *ne permettant pas aux départements éloignés de profiter, cette année, des dispositions faites par le Gouvernement, c'est aux départements voisins de Paris à remplir le vide que laisse leur absence...*

Le terme fixé fut reculé jusqu'au 29 fructidor; ce qui donnait aux exposants..... trois jours de plus.

Le ministère de l'Intérieur avait la direction de l'Exposition et l'on s'inscrivait dans les bureaux de la quatrième division, *rue Dominique*, n° 238.

Il y eut cent dix exposants, et l'Exposition dura cinq jours!

Ce n'est que depuis peu, au reste, que nos Expositions ont quelque durée; celle de 1834 n'est restée ouverte que deux mois et elle n'a pas eu plus de 2,500 exposants.

Les exhibitions se faisaient d'abord au

Louvre, — une seule s'ouvrit à l'esplanade des Invalides ; en 1834, la place de la Concorde fut affectée au concours.

Les préparatifs faits pour la première Exposition ne manquaient pas d'une certaine grandeur, encore qu'ils fussent bien simples auprès de ceux que nous avons vus récemment.

Voici le programme, tel qu'il fut rédigé par le Gouvernement :

PROGRAMME

De la Fête de la Fondation de la République.

« La fête de la fondation de la République, fixée « au 1er vendémiaire an VII, sera précédée, pen- « dant les cinq jours complémentaires de l'an VI, « d'une Exposition publique des produits de l'in- « dustrie nationale.

« Cette Exposition aura lieu dans le Champ-de- « Mars.

« On aura préparé à cet effet, à la suite de « l'amphithéâtre du milieu du Champ-de-Mars, « une enceinte carrée, décorée de portiques, sous « lesquels seront déposés les objets les plus pré- « cieux de nos fabriques et manufactures.

« Un catalogue imprimé apprendra le nom de « chaque manufacture, fabrique ou industrie, « dont les produits ont été admis, le département « et la commune où elle est située, le prix de « l'objet exposé.

« L'ouverture solennelle sera faite le matin du « premier jour complémentaire par le ministre de « l'intérieur, précédé du bureau central et du jury « dont il sera parlé ci-après.

« Tous les soirs, les portiques seront illuminés.

« Au milieu de l'enceinte de l'Exposition, un « orchestre nombreux exécutera les plus belles « symphonies des compositeurs savants.

« Le premier jour, — à quatre heures, — un jury, « choisi par le gouvernement parmi les meilleurs « manufacturiers et savants dans les arts indus- « triels, se rassemblera au Champ-de-Mars, visi- « tera les portiques, désignera les objets qui lui « paraîtront les plus dignes d'être cités comme « des modèles de l'industrie française...

« Ces objets seront immédiatement séparés des « autres, et exposés le jour suivant dans un « *Temple à l'Industrie*, ouvert de tous côtés.

« Le cinquième jour, — à huit heures du soir, — « une première salve d'artillerie sera tirée dans le « Palais directorial, et répétée dans les environs « de Paris...

« A neuf heures, une seconde salve retentira : « aussitôt six cents fusées volantes s'élanceront de

« la place construite sur le grand éperon du Pont-
« Neuf.

« A ce signal, de grosses masses de feu paraî-
« tront sur les tours, sur les dômes les plus élevés
« et sur les télégraphes. »

Quelques jours plus tard, le *Moniteur universel* rendit compte de la cérémonie. J'y trouve les détails qui suivent.

A dix heures précises, François (de Neufchateau), alors ministre de l'Intérieur, se dirigea, conformément au programme publié, vers le Champ-de-Mars, pour procéder à l'ouverture solennelle de l'Exposition.

Son cortége se composait de l'école des trompettes, de plusieurs détachements d'infanterie et de cavalerie, de deux pelottons d'appariteurs, de tambours, de musique militaire. — En tête du cortége, marchait un *maître des cérémonies* auquel on donna, pour ne pas retomber dans les appellations de l'ancien régime, le nom de *régulateur de la fête*.

Après le ministre, venait le jury, suivi des exposants.

Le Jury était admirablement composé, — j'en écris ici la liste, — courte du reste, — parce qu'elle prouve combien le choix du Gouvernement fut intelligent; 2° parce qu'elle enseigne de quels éléments doivent se composer les aréopages de ce genre.

Le Jury se composait des citoyens :

Darcet, membre de l'*Institut national;* — Molard, membre du *Conservatoire des Arts et Métiers;* — Chaptal, membre de l'*Institut national;* — Vien, *peintre*, membre de l'*Institut national;* — Gillet-Laumont, membre du *Conseil des Mines;* — Duquesnoy, de la *Société d'Agriculture du département de la Seine;* — Moitte, *sculpteur*, membre de l'*Institut national;* — Ferdinand Berthoud, *horloger*, membre de l'*Institut national;* — Gallois, homme de lettres, à Auteuil, associé à l'*Institut national.*

Combien cette cérémonie semble modeste, si l'on se reporte à la solennité qui signala la distribution des récompenses, lors du Concours de 1867!

Elle a été racontée en ces termes :

CORTÉGE DE L'EMPEREUR

ITINÉRAIRE. — *Pavillon de l'Horloge. — Jardin des Tuileries. — Place de la Concorde. — Avenue des Champs-Élysées. — Palais de l'Industrie.*

Une double haie formée par la garde nationale et par la garde impériale, sera rangée sur tout le parcours.

COMPOSITION DU CORTÉGE

Trompettes des lanciers de la garde

Le colonel des lanciers de la garde

Un escadron des lanciers de la garde, en colonne par pelotons

Les piqueurs de Leurs Altesses Impériales

La voiture de S. A. I. la princesse Mathilde, contenant son service

La voiture de LL. AA. II. le prince Napoléon et la princesse Clotilde contenant leur service

QUATRE GARÇONS D'ATTELAGE A CHEVAL

Voitures à 6 chevaux.

Les deux demoiselles d'honneur de S. M. l'Impératrice. — Le préfet du palais, de service. — Le chambellan de l'Impératrice, de service.

Les deux dames du palais, de service. — Le premier chambellan de l'Empereur. — Le chambellan de l'Empereur, de service.

La dame d'honneur. — Le gouverneur du Prince Impérial. — Le maréchal commandant en chef de la garde impériale. — L'adjudant général du palais.

Le grand maréchal. — Le grand chambellan. — Le grand veneur. — Le grand maître des cérémonies.

A la portière de gauche.		A la portière de droite.
Un capitaine des lanciers de la Garde.	**S. A. I. LA PRINCESSE CLOTILDE** **S. A. I. LA PRINCESSE MATHILDE**	L'écuyer de S. A. I. le prince Napoléon.

SIX PIQUEURS DE FRONT

LA VOITURE DE L'EMPEREUR, A HUIT CHEVAUX

GARÇONS D'ATTELAGE A PIED

A la portière de gauche :		A la portière de droite :
L'aide de camp de l'Empereur, de service. Le premier écuyer de l'Impératrice. L'aide de camp du Prince Impérial, de service. L'officier d'ordonnance de petit service. L'écuyer du Prince Impérial.	**L'EMPEREUR** **L'IMPÉRATRICE** **LE PRINCE IMPÉRIAL** **S. A. I. LE PRINCE NAPOLÉON**	Le grand écuyer. Le premier écuyer de l'Empereur. Le colonel commandant les cent-gardes. L'officier d'ordonnance de grand-service. L'écuyer de l'Empereur, de service.

Deux pelotons de cent-gardes de l'Empereur

Un escadron de lanciers de la garde, en colonne par pelotons.

CORTÉGE DU SULTAN

ITINÉRAIRE : *Palais de l'Élysée. — Rue du Faubourg-Saint-Honoré. — Rue Royale-Saint-Honoré. — Place de la Concorde. — Avenue des Champs-Élysées. — Palais de l'Industrie.*

La haie sera formée rue du Faubourg-Saint-Honoré et rue Royale par la garde impériale et par les troupes de ligne.

COMPOSITION DU CORTÉGE

Trompettes des lanciers de la garde

Le lieutenant-colonel des lanciers de la garde

Un escadron des lanciers de la garde en colonne par pelotons

QUATRE GARÇONS D'ATTELAGE A CHEVAL

Voitures à 6 chevaux

Deux chambellans du Sultan. — Deux aides de camp du Sultan.

Halid Bey, second chambellan. — Général de division Marko Pacha, médecin en chef. — Aarifi, premier interprète du Divan impérial. — Le chambellan de l'Empereur, détaché près du Sultan.

S. E. Fuad Pacha, ministre des affaires étrangères. — S. E. Djemil Bey, premier chambellan. — S. E. Emin Bey, premier secrétaire. — S. E. Kiamil Bey, grand maître des cérémonies.

QUATRE PIQUEURS DE FRONT

LA VOITURE IMPÉRIALE A HUIT CHEVAUX

GARÇONS D'ATTELAGE A PIED

A la portière de gauche :		A la portière de droite :
—	**LE SULTAN**	—
L'officier d'ordonnance détaché près du Sultan.	**S. A. I. LE PRINCE HÉRITIER**	L'aide de camp de l'Empereur détaché près du Sultan.
L'officier d'ordonnance détaché près du Prince héritier.	**S. A. I. ABDUL AHMED EFFENDI**	L'écuyer de l'Empereur, détaché.
Un capitaine de lanciers de la garde.	**S. A. I. YOUSSOUF ZEDIN EFFENDI**	Le capitaine des cent-gardes.

Un peloton des cent-gardes de l'Empereur

Un escadron des lanciers de la garde, en colonne par pelotons.

Suit le détail de la cérémonie :

D'abord rien de plus féerique que le coup d'œil de la nef. Le jour y est rendu moins vif par un velum semé d'étoiles, qui a toutefois le désagrément de donner à tous les objets un ton verdâtre, peu favorable au teint des dames. C'est, je crois, la seule critique qu'on puisse faire. Le rouge domine dans les tentures. Chaque armature de fer en est tendue. Les inscriptions se détachent en or sur des fonds de cette couleur. Elles indiquent tous les pays exposants. Au-dessous de chacune d'elles, se trouve un faisceau de drapeaux de chaque pays, avec l'écusson aux armes de cette nation. Les tentures sont relevées par des crépines d'or.

Le trône est magnifique. Le dais qui le recouvre est placé à une prodigieuse hauteur. Il supporte d'immenses drapeaux en velours rouge, semé d'abeilles d'or.

La balustrade du premier étage est également drapée de velours rouge avec une bordure brodée or. Toutes les places, — il y en a dix-sept mille, chiffre exact, — sont des stalles avec dossier en étoffe. Chacune est numérotée au moyen d'une étiquette en maroquin doré.

L'orchestre est placé à l'extrémité de la nef, au rez-de-chaussée, du côté de la place de la Concorde. A l'autre extrémité, les stalles du rez-de-chaussée sont surmontées d'un véritable bosquet, qui cache aux regards le salon des exposants. Un large escalier descend de ce salon sur la plate-forme centrale.

Cette plate-forme se compose de deux paliers. L'un, plus élevé, est un large chemin au devant du premier rang de stalles, qui entoure l'autre, sur lequel sont disposés les trophées des dix groupes. La différence de niveau est rachetée par une large et riche bordure de fleurs, fournies par le service des plantations de Paris.

Les trophées sont en ligne droite. Entre eux sont placées des banquettes en velours rouge et or, sur lesquelles s'assiéront les exposants récompensés, devant leurs trophées. Du haut, la plate-forme centrale semble un immense bouquet, dont les exposants seraient les fleurs les plus remarquables.

L'Empereur, l'Impératrice, le Sultan, le vice-roi d'Égypte, le Prince impérial, le prince de Galles, le prince de Prusse, le prince Humbert, et les autres princes invités, arriveront par la grande porte du Palais de l'Industrie. Au fond du vestibule, ils trouveront un large escalier, couvert d'un magnifique tapis, qui les conduira à une salle des gardes, suivie d'un immense et splendide salon. Les murs improvisés dans ces dégagements sont tendus des vieilles tapisseries admirablement conservées du garde-meuble de la Couronne, encadrées dans de gigantesques panneaux Louis XVI. Au fond du grand salon s'ouvre l'appartement impérial. Il se compose d'un salon commun et de deux cabinets de repos pour l'Empereur et l'Impératrice. On n'y a rien oublié de ce qui peut être nécessaire. L'Impératrice s'est beaucoup occupée des moindres détails du cérémonial. Ce matin encore, à huit heures, elle venait donner un dernier coup d'œil aux préparatifs.

Les souverains et les invités arrivent à la plate-forme du trône par deux galeries, à droite et à gauche de l'appartement impérial. Sur le palier sont trois fauteuils égaux et vingt-deux chaises.

Ce palier a, au-devant des fauteuils, un avant-corps avec perron, descendant sur la plate-forme de la grande nef. Des deux côtés de ce perron, au-dessous du trône, sont quatre rangs de banquettes. Le plus élevé est consacré aux ministres, maréchaux et amiraux. Les places réservées aux cardinaux ne seront point occupées. Le second rang est réservé aux dames. Les deux rangs inférieurs sont donnés à la Commission impériale, et les trois ministres qui en font partie ont désiré être parmi leurs collègues.

Maintenant voici comment sont réparties les places. Tout autour de la plate-forme, les quatre premiers rangs sont isolés des amphithéâtres. Ils sont occupés par les délégués de toutes les nations qui ont pris part au grand concours universel. La disposition étant la même que celle du palais du Champ-de-Mars, le trône correspond à la section française, partie voisine de la porte Rapp. A droite de l'Empereur, sont placés la Cour de cassation, l'Institut, la Cour des comptes, la Cour impériale, le tribunal de la Seine, le conseil de préfecture, les députations des ministères et les représentants de l'armée de terre et de mer.

Dans ce plan vivant, l'escalier par où descendent les exposants récompensés représente le grand vestibule du palais. On trouve donc ensuite, en tournant autour de la plate-forme, les représentants de l'Angleterre, de l'Amérique, de l'Afrique, de l'Asie, de la Turquie, de le Roumanie, de Rome et de l'Italie.

En face du trône, c'est-à-dire à l'endroit qui représente la porte Suffren, est la tribune du Corps diplomatique. Au-dessus, la tribune des dames; puis viennent les délégués de la Russie, de la Suède, du Danemark, de la Grèce, du Portugal, de l'Espagne, de la Suisse, de l'Autriche, de l'Allemagne et de la Prusse. L'orchestre représente la porte de l'École-Militaire, puis viennent les délégués de la Belgique et des Pays-Bas. Entre ces derniers et le trône, les membres du jury français.

Des deux côtés du trône, une partie de l'amphithéâtre est occupée dans toute sa hauteur, à droite, par les maisons impériales, le Sénat, et le Corps législatif; à gauche, par les maisons impériales, le Sénat, le conseil d'État, les deux préfectures de la Seine et les préfets des départements présents à Paris.

Enfin, devant le Corps diplomatique, sur une seule banquette, sont placés les élus du nouvel ordre de récompenses, — harmonie sociale et bien-être des classes ouvrières.

Nous allons maintenant retracer, pour le lecteur qui s'intéresse toujours aux faits et gestes des têtes couronnées, l'historique exact et détaillé de la visite à Paris de tous les souverains, de leurs réceptions et des fêtes qui leur ont été offertes : on verra, par notre récit, que si la France a eu la bonne fortune de recevoir cette année tous les princes régnants de l'Europe, elle s'est montrée à la hauteur de l'honneur qui lui arrivait.

Voici la liste hiérarchique des hauts personnages et souverains qui ont honoré la France de leur visite :

EMPEREURS

Alexandre II de Russie.
Abdul Aziz Khan de Turquie.
François-Joseph d'Autriche.

ROIS

Des Belges.
De Prusse.
Louis Ier de Bavière.
Louis II de Bavière.
De Wurtemberg.
De Portugal.
De Suède.

—

Vice-roi d'Égypte.

REINES

De Portugal.
Des Belges.
De Prusse.
De Wurtemberg.
De Hollande.

GRANDS-DUCS

Vladimir de Russie.
De Mecklembourg - Schwerein.
De Bade.
De Saxe-Meiningen.
De Mecklembourg-Strélitz.
De Saxe-Weimar.
De Saxe-Cobourg-Gotha.
Constantin de Russie.
D'Oldenbourg et ses trois fils.

GR.-DUCHESSES

Marie de Russie.
De Bade.

ARCHIDUCS

Charles d'Autriche.
Louis-Victor d'Autriche.

PRINCES

Comte de Flandres.
Oscar de Suède.
Frère du Taïcoun.
De Galles.
Alfred, duc d'Édimbourg.
Royal Frédéric de Prusse
Gustave Wasa.
Nicolas Cesarewitsch.
Louis de Hesse-Darmstadt.
De Hesse-Cassel.
Humbert d'Italie.
Frédéric de Hesse.
Royal de Saxe.
Mohammed Mourad Effendi.
Abdul Hamed Effendi.
De Montenegro.
De Monaco.
Albert de Prusse.
Auguste de Saxe-Cobourg-Gotha.
Charles de Prusse.
Othon de Bavière.
Prince royal de Danemark.

PRINCESSES

Eugénie de Leuchtenberg.
Marie de Bade.
Victoria de Prusse.
Alice de Hesse-Darmstadt.
Comtesse de Flandres.
Royale de Saxe.
Charles de Prusse.

DUCS

De Leuchtemberg.
D'Hamilton.
D'Aoste.
De Coimbre.
De Nassau.

DUCHESSES

D'Hamilton.
D'Aoste.

Il va sans dire que, dans le courant de ce volume, nous ne nous occuperons que des princes dont la personnalité présente un intérêt biographique autant par leur haute position que par leur caractère.

Réception de S. A. Min-Bou-Taiou

I

RECEPTION DE S. A. MIN-BOU-TAIOU

AUX TUILERIES.

En dépit du vilain temps qu'il faisait ce jour-là, la place du Carrousel était envahie par une foule de curieux, se pressant aux grilles, dans le but d'assister au défilé des voitures de gala qui étaient allées prendre, au Grand-Hôtel, le prince Toko-Gawa-Min-Bou-Taiou, frère du Taïcoun, empereur temporel du Japon, ainsi que le personnel attaché à la personne de l'illustre visiteur.

A deux heures, le cortége est entré dans la cour des Tuileries en passant sous l'arc de triomphe. Puis, s'avançant entre une double rangée de grenadiers de la garde impériale, il est allé, aux sons des fanfares, s'arrêter sous le péristyle du pavillon de l'Horloge.

Les voitures impériales, précédées et suivies de piqueurs en grande tenue, avançaient dans l'ordre suivant :

1° Un carrosse où avaient pris place les deux maîtres de cérémonie envoyés au-devant de Son Altesse.

2° Un carrosse traîné par six chevaux où se tenait le prince, ayant en face de lui LL. EE. Mou-Ko-Yama, ministre plénipotentiaire, et Yama-Taka, gouverneur du prince.

3° Trois autres voitures qui contenaient la suite de Son Altesse, composée de deux premiers officiers et de sept hauts dignitaires japonais, ainsi que MM. Mermet de Cachon, interprète de la légation française au Japon, et Léon Dury, l'intelligent consul de France à Nagasaki.

Son Altesse a été reçue au bas de l'escalier

d'honneur par M. le duc de Cambacérès, grand-maître des cérémonies, qui l'a conduite à la salle du Trône en passant par la galerie de la Paix et le salon des Maréchaux. Sur tout ce parcours, la haie était formée par l'imposant escadron des cent-gardes — superbes sous leurs brillants uniformes.

Lorsque le prince a pénétré dans la salle du Trône, il avait à sa droite M. l'interprète, et à sa gauche Fochina-Son-Taro, élève du collége français de Yokohama, fondé récemment par M. de Cachon. Son gouverneur, le ministre et son secrétaire Tanabe Daïtchi, M. le consul de France et les autres officiers suivaient, deux par deux.

Six personnes environ de la suite de Son Altesse étaient restées en bas, sous le portail, où avaient été déposés les présents envoyés par le Taïcoun à Leurs Majestés Impériales. Ces présents — peu nombreux — consistent en une petite maison de bois et papier et deux boules de cristal, pour l'Empereur, des pièces de soieries pour S. M. l'Impératrice, et un glaive pour le Prince Impérial.

A l'entrée de Son Altesse, nos souverains se tenaient debout sur leur trône. A la droite de l'Empereur, on apercevait tous les hauts dignitaires qui composent sa maison ; à la gauche de l'Impératrice, étincelante de grâce et de beauté sous sa robe de satin jaune enrichie de brillants, les dames d'honneur et les dames du palais en atours officiels et en manteaux de cour.

S. A. Min-Bou-Taiou s'est avancé, après trois saluts dont le premier avait été fait au seuil, et, s'arrêtant à quelques pas du dais impérial, il a adressé à l'Empereur un discours dont voici la traduction littérale :

« Sire,

« Par ordre impérial, je suis chargé d'assister à la cérémonie solennelle qui aura lieu dans votre capitale, lors de l'ouverture de l'Exposition universelle. Le Japon a voulu ainsi donner une preuve de ses sentiments d'amitié envers la France.

« J'ai l'honneur de présenter à Votre Majesté Impériale la lettre que S. M. le Taïcoun lui adresse à ce sujet.

« Je suis bien jeune, je manque complétement d'expérience, et je me reconnais bien indigne d'exécuter convenablement l'ordre impérial.

« Mais, en présentant mes hommages les plus respectueux à Votre Majesté, je fais appel à sa bienveillante indulgence, qui seule me permettra d'accomplir ma mission.

« J'ai reçu également l'ordre de rester à l'ombre du trône de Votre Majesté pour étudier, avec quelques-uns de mes sujets, les sciences qui distinguent la France. »

Sa Majesté a répondu à ces paroles en assurant de sa haute sympathie le gouvernement japonais et en remerciant le jeune Min-Bou-Taiou de sa visite en France. »

C'est alors que le prince a remis à l'Empereur une lettre du Taïcoun contenue dans une boîte de cuir grisâtre fermée par une énorme ganse de soie rouge.

L'ambassade, son chef en tête, s'est ensuite retirée, mais à reculons et après de nombreuses inclinaisons de tête.

Quant aux costumes, ils valent la peine d'être décrits, bien que, depuis quelques années, nous ayons vu, en France, beaucoup de Japonais de tout grade et de tout rang.

Le jeune prince était coiffé du bonnet de cérémonie, — sorte de conque en laque surmontée d'un panache en baleine sculptée à jour et retom-

2

bant sur le dos en décrivant une courbe assez gracieuse. Dans sa ceinture était passé le sabre de cérémonie, et ses pieds étaient cachés dans des chaussures d'apparat, c'est-à-dire dans des sabots de bois verni à semelles épaisses.

Les autres Japonais étaient vêtus, comme lui, de plusieurs tuniques de soie superposées et ornées sur la poitrine des armes de leur famille. Leurs jambes étaient enserrées dans des pantalons de soie très-bouffants. Leurs pieds étaient passés dans des sacs de soie blanche dont l'extrémité avait deux divisions : l'une pour le gros orteil et l'autre pour les doigts restants.

Cette singularité donne aux extrémités de Leurs Excellences une apparence fourchue d'un effet très-bizarre.

L'ambassade se compose de trente personnes et vit à l'européenne : on peut même ajouter que ses goûts sont peu dispendieux, puisqu'elle a depuis son séjour chez nous (quinze jours à peu près) dépensé 20,000 fr. à peine.

Tout le monde connaît le type spécial et l'expression intelligente des visages japonais : je n'en parlerai donc pas, et je passerai de suite à l'aventure d'un officier de la suite du prince, lequel, en soldat prévoyant, avait fourré une glace et des petits fours dans la manche pagode de sa tunique, lors d'une réception au ministère des affaires étrangères... On voit d'ici la glace fondant, les petits gâteaux se mêlant au tout, les crèmes filtrant sur le parquet et les fauteuils, tandis que notre ministre accueillait nos hôtes.

Leurs Excellences apprécient fort nos vins; elles en boivent de grandes quantités sans être incommodées le moins du monde. Ce que M. le ministre plénipotentiaire apprécie moins, c'est le mode calme et silencieux de notre cérémonial ordinaire. Il s'étonne de ne pas entendre vingt-et-un coups de canon chaque fois qu'il honore un endroit de sa présence. Les salves d'artillerie sont, selon lui, le seul tribut de respect payé à un haut personnage, et il voudrait trouver des pièces de campagne lui souhaitant la bienvenue sous tous les portiques.

Son Excellence ignore, sans doute, que notre artillerie ne se dérange que pour des motifs d'une importance extraordinaire.

LE BAL DES SOUVERAINS AUX TUILERIES

2.

II

LE BAL DES SOUVERAINS

AUX TUILERIES.

Le premier bal que Leurs Majestés l'Empereur et l'Impératrice ont donné, en l'honneur des princes étrangers venus à Paris, restera longtemps gravé dans la mémoire de ceux qui y ont assisté.

La fête devait avoir lieu en plein air, à l'Elysée; on parlait d'éclairages féeriques, de bosquets enflammés et de feux d'artifice magnifiques ; mais la pluie et la froidure des jours précédents ont modifié les desseins de Sa Majesté l'Impératrice, à laquelle revient l'initiative de cette brillante réunion, — et il a été décidé que les augustes invités seraient conviés dans les salons des Tuileries.

J'avais ouï parler également d'un escalier gigantesque qui devait appuyer le sommet de sa rampe au balcon de la salle des Maréchaux et descendre dans les jardins réservés : l'incertitude du temps a sans doute fait renoncer à ce projet, car l'on s'est contenté d'illuminer les massifs à l'aide d'appareils électriques multicolores, dont les lueurs tamisées par la verdure et vues des fenêtres du château produisaient un effet merveilleux. Bien que, — malgré ces empêchements, — ce magnifique bal défie par son éclat toute description, nous allons tenter de vous en donner une idée.

Imaginez la galerie de la Paix, la salle des Maréchaux, la salle du Trône, les salons privés et la galerie de Diane étincelant du feu des lustres, et deux mille personnes s'agitant dans cette atmosphère lumineuse, aux sons des entraînantes mélodies de Strauss.

Seize siéges dorés avaient été disposés dans

le salon des Maréchaux, sur l'estrade réservée à Leurs Majestés et à leurs Altesses.

C'est là que, vers dix heures et demie, vinrent prendre place :

Leurs Majestés l'Empereur et l'Impératrice ;

Leurs Majestés le roi et la reine des Belges ;

Sa Majesté la reine de Portugal ;

Leurs Altesses Royales le prince de Galles et le duc d'Edimbourg ;

Son Altesse Royale le prince Oscar de Suède ;

Leurs Altesses Impériales la grande-duchesse Marie de Russie, le duc Nicolas de Leuchtenberg, la princesse de Leuchtenberg, le frère de l'empereur du Japon.

Aux deux extrémités étaient assises Leurs Altesses Impériales le prince Napoléon, la princesse Mathilde, la princesse L. Murat et le prince J. Murat.

Lady Cowley, Madame la princesse de Metternich, la baronne de Budberg, les ambassadeurs et les ambassadrices occupaient des chaises rangées sur les côtés.

Tout le corps diplomatique était présent ; on remarquait parmi les invités : le comte Cowley, le baron de Budberg, le prince de Metternich, le comte de Goltz, le baron d'Adelsward, le baron Reyers, le chevalier Nigra, le baron Aucthan, les ministres, une grande partie des députés et des sénateurs, les membres de la Commission impériale de l'Exposition et les membres des divers jurys étrangers.

L'orchestre ayant entonné le *God save the Queen*, le premier chambellan, sur l'invitation de l'Impératrice, a fait un signe, et les danses ont commencé. Nous ne saurions trop nous extasier sur l'extérieur séduisant, la grâce exquise et l'élégance native des fils de Sa Majesté la reine d'Angleterre. A une tournure royalement distinguée, Leurs Altesses joignent une simplicité et une franchise d'allures qui excitent une sympathie dont nul ne peut se défendre. Chacun chantait les louanges du prince de Galles et du duc d'Edimbourg qui, depuis dix heures du soir jusqu'à deux heures du matin, ne cessèrent de danser et laissèrent voir le plaisir qu'ils prenaient aux quadrilles, aux valses et au cotillon.

De leur côté, Leurs Altesses le prince Oscar et le duc de Leuchtenberg soutinrent dignement l'honneur national, et il faut avouer que, dans ce gai tournoi, la France fut distancée.

Je voudrais également mentionner la beauté et la grâce de Sa Majesté la reine de Portugal et l'empressement de nos souverains autour de leurs hôtes.... mais le temps est une monnaie précieuse pour les chroniqueurs de l'actualité.... ils ont à peine ébauché la première phrase, qu'il leur faut songer à brocher la dernière....

L'Empereur portait l'ordre de la Jarretière que l'on distinguait, cela va sans dire, à la jambe droite des princes d'Angleterre....

Le duc d'Edimbourg avait sur la poitrine le grand cordon de la Légion d'honneur que l'Empereur lui avait sans doute donné la veille, car Son Altesse n'en était point décorée au bal de l'ambassade d'Angleterre.

Le cotillon, avec ses mille accessoires dorés, fleuris et enrubanés, a immédiatement précédé le souper assis qui a eu lieu sans encombre, — en deux fois. Des tables de dix couverts avaient été disposées dans la galerie de la Paix, dont le coup d'œil était merveilleux avec sa foule d'invitées couvertes de diamants et de convives en culotte courte.

Ajoutons, pour finir, que nous avons croisé dans les salons impériaux MM. Octave Feuillet, Désiré

Nisard, Félicien David, Albéric Second, Albert Grisar, E. Isabey, Gudin et autres illustrations de la littérature et des arts.

LE ROI DES BELGES A L'HOTEL-DE-VILLE

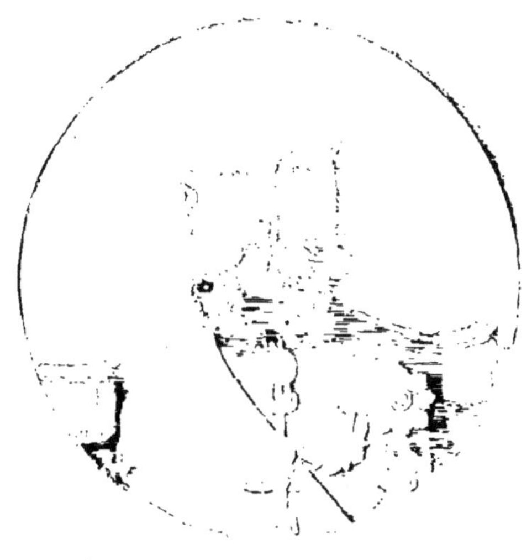

III

LE ROI DES BELGES

A L'HOTEL-DE-VILLE.

Leurs Majestés le roi et la reine des Belges, qui sont les premiers souverains venus à Paris pour visiter l'Exposition, ont été l'objet de l'accueil le plus cordial et le plus empressé. M. Haussmann a fait travailler pour eux cette imagination qui change ses fêtes en véritables féeries et l'Hôtel-de-Ville en palais des mille et une nuits.

315 invitations avaient été lancées, qui se composaient ainsi :

Leurs Majestés, 2 ; suite de Leurs Majestés, 9 ; légation de Belgique, 10 ; ambassade d'Autriche, 8 ; grands dignitaires des Tuileries, 16 ; ministres français, 20 ; conseil privé, 10 ; présidence des grands corps, 4 ; présidence de cours, 3 ; le maréchal et la maréchale Canrobert ; le général Mellinet ; préfets, 4 ; secrétaires généraux, 4 ; conseil de préfecture, 14 ; conseil municipal, 108 ; directeurs d'administration, 19 ; maires, 38 ; adjoints, 40 ; sous-préfets, 3.

De ce nombre, 262 convives seulement ont répondu à l'invitation.

La table principale était dressée dans la Galerie des Fêtes, dont elle occupait à peu près toute la longueur. Elle comprenait 170 couverts. Le roi des Belges occupait le centre, tournant le dos aux fenêtres ; en face du roi, la reine. A droite de la reine, M. Haussmann ; à sa gauche, le prince de Metternich, à droite du roi, madame Haussmann ; à sa gauche, la princesse de Metternich.

Sur cette table figurait un grand surtout en or

jaune et or vert, merveilleusement ouvré, qui n'avait encore paru qu'une fois aux banquets de la préfecture.

Deux autres tables, de beaucoup moindres dimensions, étaient dressées ; l'une dans le Salon des Cariâtides, disposée en fer à cheval ; l'autre, dans le Salon des Arts, qui fait suite à la Galerie des Fêtes : elles étaient présidées l'une et l'autre par les deux secrétaires généraux des deux préfectures.

Dût en crever de dépit le baron Brisse, voici le menu exact du dîner qui a été servi ce soir-là et qui n'avait pas été rédigé par lui.

Potages :

A la Bisque. A la Brunoise.

Relevés :

Truites (deux sauces). Turbots idem. Filets de bœuf aux truffes. Jambons d'York (épinards).

Entrées :

Filet de présalé au sauterne. Suprêmes de canetons. Rougets de la Méditerranée. Faisans à la Toulouse. Chauxfroids d'ortolans. Timbales portugaises. Sorbets italiens.

Rôts :

Poulets truffés. Foies gras au madère. Cailles. Écrevisses du Rhin.

Entremets :

Asperges en branches. Truffes au champagne. Fondus à la fraise. Petits pois à l'anglaise. Suprêmes d'ananas. Gâteaux napolitains.

Dessert :

Fruits, raisins, ananas, compotes, pâtisseries, etc.

Vins :

Madère frappé. Château d'Issan. Château-Montroze. Rudesheimer. Château d'Yquem frappé. Romanée. Chambertin. Xérès. Champagne frappé. Léoville-Poiféré. Malaga. Château-Laffite. Porto.

A la suite de ce repas deux fois royal, il fut donné un splendide concert pour lequel 408 invitations spéciales avaient été envoyées. On sait que personne, à Paris, ne s'entend comme M. Haussmann à organiser une fête musicale : les samedis de carême du préfet de la Seine ont une renommée artistique européenne.

A ce concert on entendit Delle Sedie, Capoul et mademoiselle Nilsson.

La suite de Sa Majesté le roi des Belges se composait de :

MM. Van der Straten Pouthoz, grand maréchal ; Jules Devaux, chef du cabinet ; Prisse, officier d'ordonnance ; de Wickerkooth de Koyesteen, officier d'ordonnance ; Brewer , officier d'ordonnance ; de Waubert de Genisl, de Manser, de Castelbajac.

La suite de Sa Majesté la reine des Belges se composait de :

M. le comte de Launoy, grand maître de la maison de Sa Majesté ; Mme la comtesse d'Hanins de Moerkersle, et Mme de Namur d'Elzée, dames du palais.

Léopold II a trente ans ; la reine Henriette-Anne, fille de l'archiduc Joseph. a trente-et-un ans.

On sait que le roi des Belges est, par sa mère, petit-fils du roi Louis-Philippe.

Leurs Majestés Belges ont visité le cachot de Marie-Antoinette à la Conciergerie, et se sont rendues à Ferrières. chez M. de Rothschild.

Elles ont quitté la France le 31 mai, et ont été accompagnées jusqu'à la frontière par un aide de camp et des officiers de la maison de l'Empereur.

LE JURY INTERNATIONAL AUX TUILERIES

IV

LE JURY INTERNATIONAL

AUX TUILERIES.

L'Empereur et l'Impératrice ont reçu, le 8 mai, aux Tuileries, les membres du Jury international et les dignitaires attachés à la haute administration de l'Exposition universelle.

Les maisons respectives de Leurs Majestés, les grands officiers de la Couronne, les ministres et le corps diplomatique, avaient été convoqués à cette fête, où affluaient les illustrations et les célébrités du monde entier.

Jamais il ne fut donné de voir réunies autant de capacités et d'intelligences... Jamais non plus on ne vit tant de croix, tant de plaques et tant de cordons de tous les ordres.

Le cortége impérial a fait son entrée dans les salons, à dix heures, dans l'ordre suivant :

S. M. l'Impératrice s'appuyant sur le bras de S. M. le roi des Hellènes.

S. M. l'Empereur ayant à son bras S. A. I. la princesse Mathilde.

S. A. R. le prince Oscar de Suède et S. A. R. le duc de Leuchtenberg.

S. A. I. Min-Bou-Taiou, frère du Taïcoun, et ses deux grands-officiers.

LL. AA. II. les princes et les princesses de la famille Murat.

Les ambassadeurs et les ambassadrices fermaient la marche.

En attendant l'arrivée de Leurs Majestés, la musique des gendarmes, dissimulée derrière la galerie haute de la salle des Maréchaux, joua les airs nationaux de tous les pays, et chacun put juger de l'excellent effet produit par cette heureuse idée sur les assistants.

Aux premiers accords de ces mélodies caractéristiques et diverses, on voyait les visages de quelques groupes s'illuminer; ils s'arrêtaient, presque attendris, captivés par l'harmonie qui avait frappé leurs oreilles dès la première enfance, et leurs poitrines se soulevaient avec un sentiment de bonheur et de joie visibles....

Un commissaire anglais (devenu parisien au bout d'un mois de séjour dans les Champs-Élysées) s'est écrié, après avoir applaudi les dernières mesures du *God save the Queen :*

— Que c'est bon de respirer l'*air natal !*

C'est à M. le vicomte de la Ferrière, grand chambellan de S. M. l'Impératrice, que revient le mérite de ce concert international, et sa conception, d'une exquisité et d'une délicatesse toute française, a reçu sa récompense dans l'adhésion et la satisfaction générales.

Lorsque Leurs Majestés, distribuant à chacun des paroles gracieuses et des sourires, ont eu fini leur promenade, elles sont revenues avec leur auguste suite dans le salon où avaient pris place les femmes des hauts dignitaires conviés à cette soirée.

Madame Arnould Plessy et M. Bressant ont joué devant la cheminée — sans autres décors que leur talent, leur grâce et leur esprit — le ravissant proverbe d'Octave Feuillet, intitulé : *le Pour et le Contre*, et notre amour-propre national a été doucement flatté de constater le succès de nos artistes, dont jamais la diction n'a été plus fine et plus distinguée.

LL. MM. se sont ensuite rendues au buffet disposé au fond de la galerie de la Paix, et sont rentrées dans leurs appartements après avoir de nouveau traversé la foule des invités qui se pressaient sur leurs pas — désireuse de témoigner son respect et son affection à son Souverain et à sa Souveraine.

ARRIVÉE DU CZAR A PARIS

V

ARRIVÉE DU CZAR A PARIS

(1er *Juin* 1867)

Bien des années s'écouleront avant que la gare du Nord offre de nouveau aux yeux le spectacle imposant qu'elle présentait au 1er juin... Au dehors, se pressaient les curieux accourus en masse pour saluer l'empereur Alexandre à son arrivée dans la capitale de l'empire français. Au dedans, les quais, où circulent d'ordinaire des voyageurs affairés, des employés criards et des chauffeurs au noir visage; — ces quais si bruyants étaient couverts de dames élégantes et gracieuses, de ministres revêtus de fr[illegible]s étincelants, et de diplomates à la poitrine [illegible]stellée de tous les insignes connus. De chaque côté de la voie, une [illegible] de chasseurs à pied, en grande tenue, se ten[illegible] prête à présenter les armes au commandement des chefs, et deux orchestres militaires di[illegible]mulés dans les coins opposés de la nef épiaient le moment où le train impérial serait signalé pour entonner l'hymne national de Russie. L'attitude réservée et silencieuse de cette multitude chamarrée de soie et d'or contribuait à donner à cette solennité un caractère des plus imposants, et l'on voyait bien, à l'air recueilli et compassé du plus grand nombre, qu'on n'attend pas un czar à Paris tous les jours!

Alexandre II ne venait point seul nous rendre visite : ses deux fils, le grand-duc héritier et le grand-duc Wladimir, l'accompagnaient avec un personnel de hauts dignitaires de toutes les catégories.

Voici la liste de cette suite nombreuse et les

attributions de chacun des personnages qui la composaient :

Suite de l'empereur.

S. E. le prince Basile Dolgorowki, aide de camp général de l'empereur, grand chambellan.

S. E. le prince Gortschakow, vice-chancelier de l'empire.

S. E. le comte Alderberg, général d'infanterie, aide de camp général, commandant le quartier général.

S. E. le comte Schouvaloff, aide de camp général, chef du corps des gendarmes.

M. le colonel Rileiew, aide de camp de l'empereur.

M. le colonel Volkow, aide de camp de l'empereur.

M. le docteur Karel, médecin de l'empereur.

Suite de S. A. I. le prince héritier.

Mgr le prince Bariatinski, aide de camp.

M. le capitaine Kossloff, aide de camp.

M. Skariatine, conseiller privé.

M. Oom, secrétaire des commandements du tzarewitch;

M. Gerch, médecin de S. A. I.

Suite du grand-duc Wladimir.

Le comte Perowki, aide de camp général.

Le contre-amiral Boch.

Près du ministre des affaires étrangères.

M. Hambourger, conseiller privé.

Chancellerie du quartier général.

Chef, S. E. M. Kiriline, conseiller d'État, sous-directeur de la chancellerie de campagne de l'empereur.

M. le colonel Soltikoff, sous-directeur de la chancellerie de campagne.

M. Illine, employé.

M. Rapassoff, employé.

M. Tchoudnowsky, employé.

Administration du quartier général.

M. Popoff, caissier.

M. Andreieff, employé.

Près du comte Schouvaloff.

M. Romancheffsko.

Près du docteur.

M. Rononoff.

Corps des courriers.

M. le lieutenant-colonel Tcheznoff, courrier de cabinet.

M. le major Reinké, courrier de cabinet.

M. le capitaine Semenonoff, courrier de cabinet.

M. le capitaine Wider, courrier de cabinet.

Service de Sa Majesté.

5 domestiques.

Escorte.

1 sous-officier de Cosaques.

1 Cosaque.

Près du prince héritier.

1 valet de chambre.

1 valet de pied.

5 domestiques.

Près du grand-duc Wladimir.

2 domestiques.

Service de la table.

1 maître d'hôtel : M. Thion (Français au service de l'empereur de Russie).

15 domestiques.

Service des écuries.

1 écuyer.

Piqueurs et palefreniers russes.

Tout ce que Paris contient de gens nés aux bords de la Néva ou dans quelque district des vastes États soumis au czar (voire même le pope de l'église russe parisienne) s'était rendu à la gare du Nord en costume d'apparat.

On m'a montré des seigneurs moscovites et des ambassadeurs pétersbourgeois venus de tous les points de l'Europe pour s'incliner devant leur souverain; et si l'énumération de leurs résidences, de leurs titres et de leurs noms ne devait m'entraîner trop loin, je prouverais une fois de plus que les Russes partagent avec les Anglais le mépris des distances — surtout lorsqu'il s'agit de présenter leurs hommages à leurs princes.

L'Empereur Napoléon est entré dans la gare quelques minutes avant l'arrivée du convoi qui avait été prendre le czar à la frontière. Sa Majesté, accompagnée de S. Exc. le général Fleury, grand écuyer, et du général de Béville, aide de camp de service, portait le grand cordon de Saint-André, le premier et le plus rare des ordres russes, qui fut fondé par Pierre Ier le 11 décembre 1698.

Le baron de Rothschild, par les soins duquel des cartes spéciales avaient été imprimées pour éviter une trop grande affluence de monde sur les estrades construites à l'intérieur aux frais de la Compagnie — le baron de Rothschild, dis-je, reçut sous le péristyle Sa Majesté qui se dirigea de suite, ainsi que les ministres et son état-major, vers le point du quai désigné à l'arrêt du wagon impérial.

Le train est arrivé en gare deux minutes avant l'heure annoncée, et les deux Souverains se sont tendu les mains.

Le czar a immédiatement présenté à l'Empereur ses deux fils, dont les riches uniformes étaient décorés — comme le sien — du grand cordon de la Légion-d'Honneur, et le cortége s'est porté au dehors pour monter dans les voitures de gala.

Je passerai brièvement sur les hurrahs et les acclamations jetés par la foule; je ne m'étendrai pas non plus sur l'itinéraire suivi par ces équipages dorés. Chacun a pu lire le trajet qu'ils ont parcouru de la gare aux Tuileries.

S. M. l'Impératrice, en robe bleu-clair, recouverte d'un manteau de dentelles, attendait le czar dans le grand salon qui fait suite à la salle des Maréchaux. Notre souveraine était entourée de toutes les personnes attachées à sa maison, ainsi que de tous les officiers et dignitaires de la maison de l'Empereur, convoqués, en grand uniforme et au grand complet. Les présentations durèrent une demi-heure. Puis le czar, ses fils et leur suite se sont rendus à l'Élysée en traversant le jardin des Tuileries en droite ligne. Ici encore, la plume se refuse à toute description, car il est impossible de donner une idée exacte du coup d'œil merveilleux que présentait le jardin public, avec les soldats rangés de chaque côté de l'allée centrale, ses jets d'eau jaillissant et ses marronniers touffus, sur lesquels le soleil versait des flots de lumière.

A la portière du carrosse impérial, précédé de cent-gardes et suivi de lanciers, — galopaient M. de Verly, colonel des cent-gardes, et l'officier supérieur commandant les lanciers de service — qui accompagnèrent le czar et sa suite jusqu'au palais du faubourg Saint-Honoré.

L'empereur Alexandre est un homme d'une complexion éminemment robuste, très-actif, très-vif, très-ponctuel. Pour vous faire comprendre jusqu'à quel point Sa Majesté possède ces dons précieux, nous vous dirons que le premier soin du czar, dès qu'il eût mis pied à terre dans la cour de l'Élysée, fut de procéder à l'inspection du poste, c'est-à-dire de passer en revue les chasseurs à pied casernés au château. On nous a dit, d'ailleurs, que le czar avait pour ce corps d'élite une affection toute spéciale, et que le régiment chargé de veiller sur lui et sa maison était le même qui avait été dépêché à Nice afin de lui rendre les honneurs officiels, lors de son douloureux voyage de l'an dernier.

Dès qu'il eût procédé à ce soin et complimenté les officiers du poste, le souverain entra dans le salon d'honneur, où il reçut successivement la visite du roi des Belges, celle de la grande-duchesse Marie, mère du duc de Leuchtenberg, et celle du prince royal de Prusse. Après cette entrevue, Sa Majesté, sans attendre une seconde et sans prendre le temps de boire un verre d'eau, remonta en voiture et s'en fut, toujours accompagné de ses fils et de sa cour, rendre visite à la princesse Mathilde, au roi et à la reine des Belges, ainsi qu'au prince et à la princesse de Prusse.

La rentrée définitive des augustes voyageurs à l'Élysée, n'eut lieu qu'à sept heures et demie, et après avoir quitté leurs costumes militaires pour revêtir le frac et la cravate blanche, ils se dirigèrent vers la salle à manger, où le tzar et Leurs Altesses Impériales avaient convoqué toute leur maison, ainsi que les fonctionnaires français attachés à leur personne.

Constatons, avant de finir, l'ordre et le goût parfait qui ont présidé à l'organisation des logis de nos hôtes illustres. Dès la veille, l'Élysée ressemblait aux Tuileries avec ses soldats, ses huissiers, ses suisses et ses valets de pied à la livrée impériale. Tout était prêt à midi, et l'on n'a pas eu le moindre accroc à signaler dans l'achèvement de cette installation gigantesque.

La cour d'honneur et les cours latérales avaient le soir un aspect original, grâce à la variété du costume des hommes qui les sillonnaient, d'un air pressé et affairé. Moujicks, piqueurs, Cosaques, cuisiniers, palefreniers et laquais poudrés, tout cela formait une cohue que regardaient tranquillement les officiers du poste en train de causer avec un lieutenant russe, chargé de la surveillance et de la direction des subalternes.

Le tzar a amené avec lui trois chevaux de selle. Son écurie est dirigée par un écuyer de son escorte. L'empereur Napoléon a mis de plus à son service, dans les écuries de l'Élysée, onze chevaux de trait, dont deux russes (Peterhoff et Dnieper) et un cheval d'estafette — jument vigoureuse, plus rapide que le vent et bien connue dans les boxes de la cour Caulaincourt sous le nom de Pistole.

Voilà des quadrupèdes qui ne resteront guère oisifs, et qui vont avoir une rude besogne, car l'empereur Alexandre et les princes ses fils n'ont pas l'air de vouloir se reposer beaucoup. On raconte tout bas que Sa Majesté et Leurs Altesses sont allés voir dans la soirée deux actes de la *Grande-Duchesse de Gerolstein*... après un voyage de six cents lieues, qui a duré deux jours!!! Je dirais avec Arnal : c'est raide! si je ne trouvais cette expression légèrement triviale pour être appliquée à l'étonnante ardeur et à l'infatigable curiosité de nos illustres visiteurs.

L'Empereur Alexandre

V (*bis*)

L'EMPEREUR ALEXANDRE

Alexandre II Nicolaietvitch, empereur de toutes les Russies, est né en 1816.

Il a donc aujourd'hui 51 ans.

Il est monté sur le trône le 2 mars 1855.

En 1841, il a épousé la fille de Louis II de Hesse, la princesse Marie ; l'impératrice de Russie a aujourd'hui 43 ans...

Le tzar a amené avec lui en France deux de ses fils : le grand-duc Alexandre, prince héritier, qui a épousé la princesse Dagmar, fille du roi de Danemark, et le prince Wladimir, âgé de 22 ans, colonel de deux régiments russes.

Le czar est venu en France avec un sous-officier de Cosaques et un Cosaque pour toute escorte militaire.

Il était accompagné en outre par le prince Gortschakoff, l'aide de camp prince Dolgorowki, l'aide de camp comte Alderberg, et l'aide de camp comte Schouwaloff, général de gendarmerie dans la garde impériale russe.

L'Empereur Napoléon est allé plusieurs fois en personne pour s'assurer de la façon dont on organisait les appartements du tzar.

On a dépeint en ces termes l'organisation de l'Élysée :

Nous voici dans le vestibule : à gauche, un escalier à palmes d'or, qui mène au premier étage et qui date de l'Empire. Les Bonapartes et les Bourbons des deux branches l'ont monté et descendu chacun à leur tour.

A droite, les appartements de réception, une antichambre pour les huissiers et les valets de pied, un salon pour les officiers et les aides de camp de service, enfin le *Salon d'honneur*, qui est d'un beau style Louis XV, et dont les meubles en tapisserie jaune de Beauvais se trouvaient, hier encore, à l'Exposition.

Ensuite vient le *Salon de famille* également meublé en beauvais. Vis-à-vis les fenêtres s'élève un hémicycle avec une riche tenture des Gobelins représentant le jugement de Pâris, d'après Raphaël. Du *Salon de famille,* on passe dans la salle du *Conseil des ministres;* encore style Louis XV, sculpture dorée, meubles en soie verte, très-belles mosaïques, dont l'une représente une carte de France en 1684.

Tout autour du salon, des médaillons de rois; Victor-Emmanuel fait vis-à-vis au pape, la reine d'Espagne à la reine d'Angleterre, l'empereur d'Autriche au roi de Prusse...

La *Salle du conseil des ministres* est devenue la salle à manger de l'empereur Alexandre.

A l'autre extrémité des appartements officiels, se trouve une vaste salle à manger, décorée sous le premier Empire.

En quittant les salons de réception, on descend dans la chapelle romane et souterraine du palais.

Tout est en mosaïques, peintures et sculptures.

C'est vraiment une merveille, un bijou que cette petite chapelle bâtie, il y a environ un an, par un architecte distingué, M. Lacroix, directeur des travaux de l'Élysée.

Après la chapelle, on entre dans les *appartements de l'empereur Napoléon :* ce sont, d'abord deux salons assez simples ; puis une bibliothèque dont tous les livres ont appartenu à la reine Hortense et à Napoléon Ier.

Après la bibliothèque vient la chambre à coucher de l'Empereur ; meubles en soie rouge, tapisserie des Gobelins, lit en bois de chêne, placé sous un hémicycle entre deux fauteuils dorés.

Cette chambre donne sur le fameux *Salon d'argent.* Ici, panneaux, meubles, cheminée, tout est argenté et d'un aspect assez étrange. On sait que cette pièce était le cabinet de travail de Napoléon Ier.

Voici le grand fauteuil où il aimait à s'asseoir et à méditer ; voici la table où, en 1814, il signa son abdication.

La duchesse de Berri, qui affectionnait particulièrement le *Salon d'argent*, eut le bon goût de n'y rien changer.

L'empereur de Russie occupera les appartements de l'empereur Napoléon.

Maintenant prenons l'escalier à palmes d'or, et visitons le premier étage.

Il comprend l'appartement du prince impérial, réservé au prince Wladimir, et les appartements de l'Impératrice, destinés au grand-duc.

Salon, chambre à coucher, cabinet de travail, les appartements du prince impérial sont meublés avec autant de simplicité que d'élégance. Les tentures sont presque toutes en perse grise, à fleurs bleues.

Nous voici chez l'Impératrice et dans la plus coquette, la plus curieuse de toutes les pièces qui composent son appartement. C'est un ravissant cabinet de toilette, style Louis XVI, tout tapissé de glaces et semé de délicieuses peintures sur verre. Puis, on traverse une très-riche chambre à coucher avec tentures de Beauvais et des Gobelins, un cabinet de travail, un salon splendide, le salon des dames du palais et des chambellans, puis une salle à manger et un délicieux salon de jeu.

La suite de l'empereur de Russie et des deux princes loge au deuxième étage du palais et dans les dépendances qui bordent la cour d'honneur.

Les salons de réception donnent sur le jardin de l'Élysée qui est certainement le plus beau de tout Paris. — Autrefois le regard allait, entre deux horizons verdoyants et touffus, se reposer sur le dôme des Invalides; aujourd'hui, malheureusement, il vient se briser contre la façade du palais de l'Industrie.

Tel est l'Élysée, avec son ameublement improvisé, mais fort riche ; avec ses décorations provisoires ou inachevées, mais très-présentables, je vous assure. Il faut encore un an à M. Lacroix pour terminer les travaux qu'il dirige si bien.

Dans un an, l'Empereur Napoléon compte, dit-on, s'installer à l'Élysée, et n'ira aux Tuileries que pour les réceptions.

Après le czar, l'Élysée sera occupé par l'empereur d'Autriche, par le sultan et par sa nombreuse suite.

Pendant les dix jours que l'empereur de Russie restera à l'Élysée, il n'aura pas un rouble à dépenser.

Tous les frais de son séjour regardent Napoléon III.

On se ferait difficilement une idée de l'animation et du mouvement qui règnent dans le palais. Partout c'est un tableau qu'on accroche, un tapis qu'on pose, une glace qu'on lave, un camion qui arrive, une voiture qui part. Déjà, dans les cours et dans la salle, on aperçoit les grandes moustaches relevées de quelques Russes et les petits nez retroussés d'une demi-douzaine de cosaques. Les ordres se donnent et se répètent, les fourneaux sont allumés et les tambours s'apprêtent à battre aux champs.

Les officiers d'ordonnance de l'Empereur sont allés au-devant de Sa Majesté jusqu'à Chantilly, où le train impérial arrivera à trois heures vingt-quatre minutes du soir.

Dans un arrêt de vingt et une minutes, le tzar trouvera tout ce qui lui est nécessaire pour changer de toilette.

A la station de Jeumont, déjeuner, et trente minutes d'arrêt.

L'Empereur des Français ira à la gare du Nord, où une estrade pouvant contenir trois cents personnes sera placée. Sa Majesté y recevra, avec tout le déploiement du grand cérémonial, le tzar descendant de wagon, et le conduira lui-même en grande pompe jusqu'à l'Élysée où, comme on sait, doit loger Sa Majesté Alexandre avec toute sa suite.

Le cortége a suivi la ligne des boulevards.

On a remarqué à ce sujet le singulier fait que voici :

Au coin du boulevard et de la rue Saint-Denis, un enterrement passait au moment même où le cortége des deux empereurs passait au grand trot.

La mort se croisait avec la toute-puissance.

Par un sentiment dont tout le monde appréciera le tact extrême, le cortége impérial s'arrêta et le modeste corbillard suivit sa route.

Deux Majestés, qui d'un clin d'œil pourraient bouleverser le monde, avaient cédé le pas à cette grande Majesté plus puissante que les Empereurs : la Mort.

Quelques notes suffiront pour donner à nos lecteurs le caractère du souverain actuel de la Russie :

M. Léouzon-Leduc cite de la jeunesse d'Alexandre un trait fort curieux, qui mérite d'être rapporté :

Suivant l'usage de l'empire, le jeune prince avait débuté, encore enfant, dans le service militaire par les derniers grades. A quatorze ans, il fut nommé sous-officier dans la garde. Or, quelques jours après cette promotion, comme il se rendait à l'appartement qu'il occupait dans l'intérieur du palais impérial, il traversa une salle où plusieurs hauts dignitaires se trouvaient rassemblés. A l'approche du prince, ceux-ci se levèrent et le saluèrent.

Cette marque de respect, de la part de vieux militaires, flatta vivement le jeune homme ; il voulut en jouir encore, et se mit à passer et repasser plusieurs fois de suite dans la même salle ; mais les généraux qui l'avaient salué une première fois ne firent plus attention à lui. Le grand-duc, outré, courut se plaindre à son père. Alors l'empereur, le prenant par la main, le ramena dans la salle où il avait laissé les généraux.

— Mon fils, lui dit-il en leur présence, c'est pour moi une véritable peine de voir que vous comprenez si peu les devoirs que vous imposent vos nouvelles épaulettes envers vos supérieurs en grade, et que vous ne sentez pas tout le respect qu'ont droit d'exiger de vous des têtes blanchies au service de l'État. Savez-vous que les hommes dont vous voulez être honoré sont précisément ceux que vous devez honorer vous-même ? car c'est à eux que votre père est redevable de son trône, de sa vie ; et c'est leur fidélité, leur zèle, leurs loyaux services, qui seuls peuvent vous frayer une route à ce trône et vous aider à l'occuper avec gloire.

Inclinez-vous donc devant ces nobles vieillards, et comptez pour un très-grand honneur chaque marque de respect et de dévouement qu'ils vous donneront. Ce que vous venez de faire me persuade que vous êtes encore trop jeune pour les épaulettes qui vous ont été données ; je vous les reprends. Ne les réclamez que lorsque votre conduite aura prouvé que vous êtes capable de les porter honorablement.

Et l'empereur détacha les épaulettes de l'uniforme de son fils, l'invitant à ne pas oublier cette leçon.

Alexandre II a la démarche droite et fière, mais sans raideur. Son œil bleu est limpide et caressant, son sourire plein d'attrait, son visage d'un blanc un peu bruni ; ses cheveux blonds et courts, sa moustache épaisse et retroussée, prolongée, en outre, par des favoris qui remontent en arc jusqu'au-dessous des tempes. Alexandre II a le verbe sonore, également flexible à l'éclat du commandement et au moelleux murmure d'une conversation familière. Étant encore grand-duc, il affectionnait particulièrement l'uniforme circassien. Cet uniforme est plus léger à porter, moins embarrassé d'armes et drape mieux. Le bonnet qui en fait partie, ce bonnet, couronné comme un turban d'une toison de mouton noir finement bouclée, donnait à la physionomie du prince un aspect d'étrange fierté.

Alexandre II n'est point tout à fait un homme des camps. Il aime ses aises et le confortable de la vie; il recherche le plaisir; une table opulente lui sourit mille fois plus qu'une prise d'armes ou qu'une revue. Il remplira, sans doute, avec exactitude ses devoirs de souverain militaire, mais il ne les outrera pas. Gentilhomme plus que soldat, il préférera toujours aux fatigues stériles du champ de Mars le travail reposé et fécond du cabinet, et les splendeurs pacifiques de sa cour.

Le czar a des vertus domestiques qui le rendent cher à sa famille. La paix règne à son foyer, mais une paix semée d'agréments et de distractions intelligentes. Sa femme y donne le ton, admirée et estimée pour son goût exquis, son instruction solide et variée.

Sensible de cœur, franc d'esprit, joyeux d'humeur, Alexandre II apporte un très-grand charme dans la vie privée. Il a de nombreux amis qui lui sont dévoués, et auxquels il est fidèle. On a vu cela naguère, lorsqu'il a dû former sa cour d'empereur ; il n'a voulu se séparer d'aucun de ceux qui étaient attachés à sa maison de grand-duc. Ses tendances personnelles, sans l'éloigner des hommes sincères et vraiment nationaux du parti russe, le rapprochaient de l'Occident. Ici, toutefois, ses préférences sont plutôt pour l'Angleterre que pour la France. Il a les goûts anglais, il aime les Anglais, la constitution anglaise lui plaît ; et plusieurs prétendent que, s'il était aussi maître dans son empire qu'il le désirerait, il le doterait d'une constitution analogue.

Alexandre II est grand de taille ; il peut avoir 5 pieds 7 pouces. Cet embonpoint que lui reprochait M. de Custines, à l'âge de vingt ans, a disparu. Ses muscles sont plus arrêtés.

L'auteur anonyme d'une brochure sur le tzar rapporte l'anecdote suivante :

En montant sur le trône (2 mars 1855), l'empereur Alexandre avait trente-neuf ans. Les amis de la paix, en Europe, fondèrent de grandes espérances sur son avénement. On vantait sa bonté, sa douceur, sa modestie, ses sentiments affectueux; on ignorait la trempe de son caractère. L'empereur Nicolas lui-même était resté longtemps sans soupçonner que, dans un fils soumis et respectueux, il y avait l'âme d'un souverain. Tant qu'il ne fut que grand-duc héritier, Alexandre ne dépassa jamais la distance qui sépare le second rang du premier. Il ne prenait part aux affaires de l'empire que pour se conformer aux volontés de son père, déférant aux avis des hommes éclairés, toujours enclin à la clémence, et Nicolas craignait qu'avec tant d'heureuses qualités, son successeur ne manquât de cet esprit de décision et d'énergie qu'il possédait lui-même au suprême degré. Une circonstance vint le détromper.

L'empereur Nicolas faisait d'assez fréquents voyages dans l'intérieur de ses États. En son absence, il confiait au grand-duc Alexandre les rênes du gouvernement. Un jour qu'il allait partir, il laissa quelques instructions au grand-duc, lui recommandant, d'une façon toute particulière, une mesure concernant les provinces Baltiques. En l'examinant, Alexandre trouva qu'elle n'était ni bonne, ni juste, et, dès lors, il ne voulut point l'appliquer. De retour après quelques semaines, l'empereur, dans son cabinet, témoignait au grand-duc sa satisfaction pour la manière dont il avait dirigé les affaires de l'Empire; le comte Alexis Orloff, le futur négociateur de la paix de Paris, était présent. Tout à coup Nicolas dit : « A propos, tu ne me parles pas des provinces Baltiques. » Alexandre répond qu'il a cru devoir différer l'exécution des ordres de l'empereur. — « Et pourquoi ? » demande Nicolas d'une voix où perçait l'irritation. Le grand-duc déclare alors avec calme, mais sans le moindre détour, qu'une chose contraire aux intérêts de ces provinces ne pouvait qu'altérer leur affection pour le gouvernement impérial; qu'il avait attendu, afin d'en appeler à l'empereur lui-même d'une décision qu'il ne pouvait approuver; qu'en s'abstenant, il avait obéi à sa conscience. Les yeux de l'empereur lançaient des éclairs; il s'écria : « Ne te l'avais-je pas dit, formellement recommandé? — Ce n'est pas juste, s'écrie à son tour le grand-duc avec animation, et jamais je ne condescendrai à une injustice. » Et il s'élance impétueusement du cabinet, dont il referme la porte avec force.

Le comte Orloff, qui vivait à côté de l'empereur, et qui avait été quelquefois témoin de ses emportements, redoutait une violente explosion de colère; sa surprise fut grande en entendant l'empereur dire d'une voix radoucie : « C'est la première fois que je vois Alexandre fâché contre moi. Au fond, il a raison; ce que j'ai voulu n'est pas juste; qu'il n'en soit plus question. Il y a dans Alexandre une grande droiture d'esprit et de cœur. Il ne m'a jamais contredit jusqu'ici, mais je vois que ce n'était point par faiblesse. En me résistant, il m'a fait plaisir; quand son opinion est arrêtée, il y tient avec fermeté. J'aime à lui voir une volonté. J'aurai en lui un digne successeur. Va le chercher, Alexis; dis-lui de venir m'embrasser et que nous sommes meilleurs amis que jamais. »

A l'Élysée, on avait préparé pour l'empereur un magnifique lit... Mais l'empereur ne s'en servit pas et se fit dresser par un moujick un petit lit en fer, garni de deux petits matelas assez durs.

Tous les matins, il prenait une douche d'eau froide; puis il se frictionnait le corps avec un gros morceau de glace jusqu'à ce qu'il fût complétement fondu.

Il se plaît à se promener incognito dans Paris... A l'Exposition, on le voit toujours flaner comme un simple particulier...

Représentation de Gala a l'Opéra

VI

REPRÉSENTATION DE GALA

A L'OPÉRA.

Le 4 juin, l'Opéra a donné, en l'honneur des hôtes royaux de la France, une grande représentation de gala.

Voici quels étaient les hauts personnages qui figuraient dans la loge impériale et le rang qu'ils occupaient :

S. A. Prince J. Murat.
S. A. I. Duc de Leuchtenberg.
S. A. I. Princesse Eugénie.
S. A. I. Grand-duc Wladimir.
S. A. R. Princesse Louise de Hesse.
S. A. I. Grand-duc héritier.
S. A. R. Princesse royale de Prusse.
S. M. L'Empereur Napoléon.
S. M. L'Empereur Alexandre.
S. M. L'Impératrice.
S. A. R. Prince royal de Prusse.
S. A. I. Grande-duchesse Marie.
S. A. R. Prince Louis de Hesse.
S. A. I. Princesse Mathilde.
S. A. Prince F. de Hesse.
S. A. Princesse Murat.
S. A. Prince de Saxe-Weimar.
S. A. I. le frère du Taïcoun.

A neuf heures et demie, le cortége est sorti des Tuileries par le guichet de l'Échelle, a suivi la rue de Rivoli, les rues Castiglione et de la Paix, les boulevards et la rue Le Peletier.

Il se composait d'un détachement de lanciers,

d'une voiture à panneaux de glaces, qu'occupaient l'Impératrice, la grande-duchesse Marie, l'empereur de Russie et l'empereur Napoléon; les deux souverains étaient en grand uniforme;

D'une seconde voiture semblable à la première, où se trouvaient la princesse Mathilde, la duchesse de Leuchtenberg, croyons-nous, et les deux fils du tzar, également revêtus de brillants uniformes;

D'un second détachement de lanciers; de cinq voitures fermées et d'un troisième détachement de lanciers fermant la marche.

La rue Le Peletier était resplendissante de lumières; plusieurs particuliers avaient aussi illuminé leurs maisons.

Un public nombreux formait la haie.

Le prince et la princesse de Prusse avaient, nous assure-t-on, précédé le cortége en passant par la rue Royale et les boulevards. Leur voiture était escortée par un escadron de cavalerie.

Quand Leurs Majestés et Leurs Altesses sont entrées dans la loge impériale, l'orchestre de l'Opéra a exécuté l'hymne russe, et, pendant le temps qu'a duré cet hymne, tout le monde s'est tenu debout, de même que les souverains, souveraines, princes et princesses dans la loge de gala.

Après l'acte de l'*Africaine*, les illustres spectateurs se sont retirés dans un salon qui, partant du fond de la loge, coupait en deux le grand foyer de l'Opéra.

La représentation a continué par l'ouverture de *Guillaume Tell*, après laquelle le rideau s'est presque immédiatement levé sur le second acte de *Giselle*, merveilleusement mis en scène.

La salle était composée des plus grands noms français et étrangers ; des illustrations de tout genre se voyaient même aux quatrièmes loges.

Sa Majesté le Roi de Prusse

VII

SA MAJESTÉ LE ROI DE PRUSSE

Le roi de Prusse est arrivé à Paris quelques jours après le czar.

Je ne saurais mieux faire, je pense, que de donner ici le portrait qu'Albert Wolf a tracé du roi Guillaume et de son ministre ; cette esquisse est fine et spirituelle, jugez-en plutôt :

« Ce roi qui a le bonheur d'occuper l'Europe, est le plus simple et le plus accessible des Prussiens. A le voir se promener dans les rues de Berlin, comme un simple bourgeois, on ne se figurerait jamais que cet officier en petite tenue, qui passe, est un souverain, institué par la grâce de la bonté divine. Le roi Guillaume porte toujours l'uniforme de général au palais, à la ville et même au théâtre. C'est l'usage du pays, et il ne faut pas voir une manifestation militaire dans ce détail; Sa Majesté prussienne n'est soldat que juste ce qu'il faut pour une tête couronnée. Dégagé des préoccupations politiques, le roi de Prusse devient un homme très-simple, très-accessible, et a même un fond de bonhomie qui contraste singulièrement avec la réputation qu'on lui a faite.

Je n'ai vu le roi Guillaume en bourgeois qu'à Bade, où il passe une partie de la belle saison et où les voyageurs peuvent le voir flâner devant la Conversation comme un homme heureux de prendre des vacances et de respirer l'air embaumé de la Forêt-Noire, loin de la politique, des revues et des réceptions. Il n'est pas rare de rencontrer le roi dans les salons de jeu, où il passe les belles toilettes en revue. On n'a pas encore oublié une histoire qui fit grand bruit à Bade, il y a deux ou trois ans. La voici :

Il est défendu aux officiers prussiens de la garnison de Rastadt de jouer à Bade; mais plus d'un, oubliant l'ordre, vient se faufiler, en bourgeois, dans le groupe des joueurs. Certain soir d'été, un officier prussien risqua un louis à rouge. Il gagne, laisse les deux louis, puis les quatre et les huit, et, au moment où il va retirer les seize louis, il aperçoit en face de lui le roi.

Quel supplice pour un sous-lieutenant, qui a là devant lui seize louis et n'ose pas les prendre.

Et la rouge gagne toujours. L'officier pris en flagrant délit est forcé d'avoir de *l'estomac*. Sur le tapis vert l'or s'agglomère... la masse augmente à chaque coup, et quand elle a dépassé le maximum, le croupier demande :

« Combien à la masse? »

L'officier est blême; mais il n'ose pas répondre. Il regarde d'un œil le roi, et de l'autre son or.

« Combien fait la masse ? » reprend le croupier.

Alors le roi de Prusse fait le tour de la table, frappe sur l'épaule de son lieutenant, et lui dit, avec cette bonhomie dont je parlais tout à l'heure :

« Allons ! maintenant, ramassez votre argent,

et sauvez-vous avant que vos chefs ne vous rencontrent. »

L'officier ne se le fit pas dire deux fois. Quelque temps après, le roi passant en revue la garnison de Rastadt, aperçut le lieutenant et lui fit signe d'approcher :

« Monsieur, lui dit Guillaume Ier, je vous ai fait perdre de l'argent l'autre jour en interrompant votre partie. La rouge a encore gagné trois fois. Vous toucherez la différence sur ma cassette particulière, mais ne recommencez plus! »

Je ne reviendrai pas sur la politique du roi ; on sait ce qu'elle a été, et j'ignore ce qu'elle sera.

Le soutien du roi dans la lutte contre le Parlement était, on le sait, M. DE BISMARK. La biographie de cet homme d'État, qui, au point de vue de ses idées prussiennes, est un homme de génie et dont les adversaires mêmes doivent admirer l'énergie et l'activité, est facile à faire.

M. de Bismark n'est pas un de ces vieux diplomates dont l'origine remonte dans la nuit des temps, car il avait trente-deux ans quand il commença sa carrière politique.

Jusqu'à ce moment, qu'avait-il fait ?

Otto-Édouard-Léopold de Bismark est né

en 1815, au château de Schonhausen, province de Magdebourg. Ancien étudiant en droit, ancien engagé volontaire dans un régiment de chasseurs à pied, M. de Bismark s'était, après la mort de son père, retiré dans son domaine, et semblait avoir complétement renoncé à toute autre carrière que celle de propriétaire.

Mais des natures de cette trempe-là ne sont pas faites pour voir couler le ruisseau à travers la prairie. L'activité fiévreuse qui le dévore s'empara du propriétaire Bismark. Il devint en quelque sorte l'âme de sa commune... Aux grands jours de fêtes et de détresse il était à la tête de la population.... organisant une administration d'intérêt local, éclairant les hauts fonctionnaires sur les besoins du pays, se mettant à la tête de toute entreprise utile à la commune.

C'est ainsi qu'il devint capitaine des digues, c'est-à-dire commandant d'un corps de bourgeois qui secouraient leurs concitoyens pendant les inondations qui ravageaient le pays. Grâce à son énergique exemple, les digues s'élèvent comme par enchantement... L'une d'elles se rompt un jour sous la pression de l'eau... Bismark se jette dans les flots et sauve quelques paysans.

Sa première décoration fut la médaille de sauvetage.

En 1847, il commence sa carrière politique en débutant au conseil général de son arrondissement; en 1848, les électeurs l'envoient à la Chambre des députés. Il y entre comme en pays conquis, va s'asseoir à l'extrême droite et se déclare l'adversaire impitoyable de la Révolution prussienne, quand au dehors, dans la rue, l'agitation est encore en pleine effervescence. On le comble de lazzis... Il en rit... On l'insulte un jour dans un journal spirituel de Berlin. M. de Bismark quitte son siége au Parlement et va en personne provoquer le journaliste... L'affaire s'arrange heureusement. Quinze ans plus tard l'ex-député, devenu ministre, se trouve en présence du journaliste qui plaisante à présent Son Excellence, comme il plaisanta autrefois le député.

M. de Bismark tend la main à son adversaire et l'invite à dîner.

Les discours énergiques, même violents que M. de Bismark prononça à la Chambre le signalèrent bien vite à l'opinion publique comme un homme extraordinaire.

Trois ans après ses débuts dans la carrière politique, il représente la Prusse à la Diète de Francfort où il commence à combattre l'influence autrichienne.

Ses biographes racontent un incident qui remonte à cette époque et mérite d'être rapporté :

Un jour que M. de Bismark se rendit chez l'ambassadeur d'Autriche, il fut surpris qu'à son entrée le diplomate autrichien ne se levât point pour saluer l'envoyé de Prusse.

Froissé dans son amour-propre national, blessé dans son honneur privé, M. de Bismark tire un cigare de sa poche, l'allume, s'étend tout le long sur un divan; trois mois après, il est ambassadeur de Prusse à Paris ; six mois plus tard, le roi l'appelle au ministère d'État... un mois après, il est ministre des affaires étrangères et président du conseil.

Tout le monde sait ce que M. de Bismark a fait pour son pays depuis son entrée aux affaires. On peut discuter ses tendances politiques, mais on ne saurait nier qu'il est un des plus remarquables hommes d'État de ce temps. Les années et le travail n'ont pas eu raison de ce tempérament de fer ; malgré l'activité prodigieuse qu'il déploie,

M. de Bismark n'a rien perdu de son énergie et de sa volonté.

C'est un homme tout d'une pièce, comme on dit. Il y a en lui du diplomate et du soldat à la fois. Entre deux séances du conseil des ministres, il endosserait volontiers son uniforme de chef d'escadron des cuirassiers de la landwher, pour faire une promenade militaire à la tête de son escadron.

On sait comment, après avoir essuyé les quatre coups de feu du jeune Blind, M. de Bismark prit son assassin au collet et le conduisit au poste.

Le comte de Bismark, qui passe aux yeux de l'Europe pour une sorte de croquemitaine, est un homme du monde dans toute l'acception du mot.

Il a cinquante-deux ans... Il est grand, mince... Les travaux ont suffisamment dégarni son crâne... Ses traits attestent une rare énergie... Son épaisse moustache est d'un blond ardent un peu foncé... l'œil est vif... le regard pénétrant. La tenue d'un gentleman. Sa conversation est rapide et brillante ; il parle le français, l'anglais, le russe et l'italien à volonté.

Le comte de Bismark ne s'entoure d'aucun luxe ; on n'a jamais pu obtenir de lui qu'il fît changer le modeste mobilier de son cabinet de travail, qui se compose d'une armoire en chêne, remplie de fusils et de carabines, car le comte est grand chasseur; plus, d'une table et de deux fauteuils. Toutes les fois qu'on lui envoie le tapissier du roi, M. de Bismark répond :

« Allez-vous-en ! c'est assez bon pour moi ! »

Cependant M. de Bismark n'est pas assez diplomate pour renoncer aux joies de ce monde. Il s'échappe assez souvent de son cabinet de travail pour faire un tour dans les salons diplomatiques, et rattrape alors sur la nuit le temps perdu de la soirée. Ses amis prétendent que l'homme d'État disparaît complétement dans les réunions intimes, où le diplomate retrouve sous son frac le cœur joyeux de l'ancien étudiant de Gottingen.

M. de Bismark passe pour un causeur séduisant. Sa conversation est entraînante, pleine de mots spirituels, d'aperçus ingénieux ; il n'a pas de rival en Allemagne pour résumer une situation en une phrase ou pour écraser un homme d'un mot.

Le travailleur est infatigable ; à huit heures du matin, M. de Bismark est dans son cabinet qu'il ne quitte pas avant l'heure de son déjeuner ; puis il se rend chez le roi ou préside le conseil jusqu'à six heures du soir, heure à laquelle le dîner réunit toute la famille et les invités dans les appartements de la comtesse. Au dessert, le comte disparaît et s'enferme dans son cabinet de travail jusqu'à une heure assez avancée de la nuit. Les ouvrages que M. de Bismark compose dans ce cabinet peuvent être diversement appréciés suivant le terrain politique où le lecteur se place, mais quelque opinion que l'on professe et à quelque nationalité que l'on appartienne, on ne saurait nier que l'auteur est un esprit de premier ordre. »

Ajoutons quelques notes personnelles sur M. de Bismark :

Au bal de l'ambassade de Prusse, qui a eu lieu le 16 juin, M. de Bismark, qui a une horreur très-prononcée pour les sucreries, sorbets, glaces et autres gourmandises de soirée, avait recommandé qu'on lui réservât de bonne bière de Vienne, et M. de Goltz avait fait venir un petit tonneau de cette excellente bière que l'on avait placé dans le jardin, sous une tente...

M. de Bismark buvait là des bocks et en offrait aux personnes qui se promenaient de son côté.

Pour en revenir au roi de Prusse, disons que son arrivée en France a été un succès d'enthousiasme, et que son ministre a été, durant son séjour, le lion à la mode.

Guillaume Ier, roi de Prusse, a soixante-dix ans; il est monté sur le trône en 1861 : la reine, sa femme, a cinquante-six ans.

Le roi de Prusse s'est marié en 1829, il n'a eu qu'un fils, le prince royal, qui est devenu le gendre de la reine d'Angleterre...

Le roi de Prusse est descendu au palais de l'ambassade prussienne, rue de Lille, n° 56, où l'empereur Napoléon lui a rendu visite le 29 mai.

La Grande Revue du 6 Juin

VIII

LA GRANDE REVUE

DU 6 JUIN.

Une grande revue a été donnée en l'honneur des souverains...

Elle a eu lieu au bois de Boulogne...

Grand succès ! Enthousiasme énorme !

J'ai vu, — de mes yeux vu, — pleurer d'émotion des gens que la curiosité seule avait attirés là, et j'avoue qu'il eût fallu avoir le fameux « cœur à la triple enveloppe d'airain » pour ne pas se sentir enfiévré et débordé du plus haut sentiment national, à l'aspect d'un tel spectacle!

Quel coup d'œil!... Dans la tribune impériale, S. M. l'Impératrice, rayonnante d'aise et de beauté. A ses côtés, le Prince Impérial, entièrement rétabli, et jetant sur la foule ivre de joie son regard d'autrefois, — son regard à la fois doux et naïf. Derrière Sa Majesté, les princesses Royales et Impériales, et toutes les dames du Palais.

Les gradins des tribunes latérales avaient été réservés à tout ce que Paris contient de dignitaires, d'illustrations et de grandes dames... Le taffetas de couleur claire, garni de guipures blanches, dominait dans le bataillon chatoyant des élégantes... Telle est, pour le moment, la livrée de la femme distinguée...

.Le terrain situé entre les tribunes et la piste avait pris, sur les cartes, le nom de talus, et, de ce point, on embrassait le panorama dans toute son étendue.

On voyait les ailes du moulin « de la galette, » auxquelles se cramponnaient des groupes de curieux. J'en sais qui s'étaient donné rendez-vous là pour y causer. Et sur la cîme verte des plus grands arbres du bois, des taches bleues et blanches indiquaient que des milliers d'ouvriers avaient conquis leur stalle au prix d'une ascension dangereuse. De loin, ces « Bayards du vertige » ressemblaient aux fruits et aux fleurs d'une végétation luxuriante et touffue. Moins loin, aux abords de la cascade, dans les prés fraîchement tondus et répandant leurs saines effluves dans l'air, des équipages, des voitures de tout ordre et de tous ressorts... Un dentiste avait amené la sienne... Celui-ci avait loué le dessus de sa tapissière, celui-là cédait de vieilles chaises... tous les siéges étaient assiégés... Certains, en attendant le défilé final, *lunchaient* de pain et de saucisses, dans les taillis des environs.

Le succès a été pour l'artillerie de la garde. Les chasseurs, les zouaves, les guides et les cuirassiers, se sont partagé les autres applaudissements. Le maréchal Canrobert, investi du commandement général des troupes, était fort ému... Il m'a rappelé les auteurs dramatiques le soir des premières.

Il présentait, lui aussi, au public, — et à quel public, — une pièce importante, une pièce militaire. Non pas une pièce « à femmes, » une pièce « à soixante-deux mille hommes. »

Après avoir passé assez vite devant le front des troupes massées en colonnes serrées, les Souverains et leur brillant état-major se sont placés au centre et ont fait face aux tribunes. A la fin, l'illustre et noble légion a fait conversion pour assister à un des plus beaux mouvements qu'il soit donné de contempler : trente mille cavaliers rangés sur une seule ligne et arrivant bride abattue à 5 mètres de LL. MM. pour s'arrêter brusquement et crier : Vive l'Empereur ! en élevant en l'air leurs glaives étincelants ! ! !

Cette solennité, qui a réuni plus de soixante mille sabres ou baïonnettes au bois de Boulogne, avait déterminé des apprêts gigantesques. Aussi, la grande-maîtrise des cérémonies, chargée de la distribution de cartes, ne savait où donner de la tête depuis trois jours... Le cabinet et les bureaux de S. Exc. le duc de Cambacérès étaient envahis, assaillis, assiégés par une foule désireuse d'obtenir une place dans les tribunes, voire même sur leurs toitures. Les moins exigeants imploraient la faveur d'un « *billet de talus,* » terme qui prouve que tout ce qui est monticule a été étiqueté pour la circonstance. Le mont Valérien seul n'a point été divisé en stalles, mais il était prudent de s'y rendre de très-bonne heure, si l'on désirait occuper un point du gazon qui le recouvre. C'est vous dire, qu'en dépit des douze mille places réparties entre les postulants de la grande-maîtrise, il y a eu de nombreux déboires et bien des curiosités déçues... La REVUE-GALA, comme l'OPÉRA-GALA, a eu ses victimes !

Le roi de Prusse, arrivé à Paris le 5 juin, assistait à cet énorme déploiement de forces, en compagnie de son escorte dont voici la liste officielle :

S. Exc. le comte de BISMARK, président du conseil, ministre des affaires étrangères, accompagné de M. de KENDIEL, conseiller de légation.

S. Exc. M. le comte de WESDEHLEN, secrétaire de légation.

S. Exc. M. le comte de PEUKLER, grand maréchal de la cour.

S. Exc. M. le général baron de MOLTKE, chef d'état-major de l'armée.

S. Exc. M. le major général comte de GOLTZ, à la suite de Sa Majesté.

S. Exc. M. le major général de TRESKOW, aide

de camp général de Sa Majesté, chef du cabinet militaire.

S. Exc. M. le major comte de LEHNDORFF, aide de camp du roi.

S. Exc. M. le major prince RADZIWILL, aide de camp du roi.

M. le docteur de LAUER, premier médecin de Sa Majesté.

Ne sont point mentionnés ici les écuyers, ni les officiers de grade inférieur, ni les serviteurs subalternes qui font partie de la suite du roi Guillaume.

La veille, l'Empereur s'était rendu à la gare pour le recevoir. Sa Majesté était accompagnée de S. A. le prince Joachim Murat, de S. Exc. le général Fleury, grand écuyer, et du vice-amiral Jurien de la Gravière, aide de camp de service.

De la gare du Nord, le cortége s'est dirigé vers les Tuileries, en passant par les boulevards de Magenta, de Strasbourg, de Sébastopol, la rue de Rivoli, la rue du Louvre, la place Napoléon III et l'arc de triomphe du Carrousel.... C'est trois jours après l'arrivée du roi Guillaume qu'a eu lieu la solennité du Champ-de-Mars.

Nous laissons à penser le vide que cette revue a déterminé dans les écuries impériales, d'où sont sortis *soixante-quatre* chevaux de selle, destinés à servir de montures à tous ces illustres visiteurs.

Les trois groupes bien distincts qu'ils forment se sont réunis au centre du champ de courses — en même temps — pour s'y fusionner, selon les lois de l'étiquette et des préséances.

Et après avoir passé devant le front des régiments massés, l'auguste escadron s'est porté au centre pour assister au défilé.

Ces groupes ou brigades, qui se sont rendus isolément au Champ-de-Mars, étaient composés ainsi qu'il suit :

1° S. M. l'empereur Napoléon III, le général Fleury, grand écuyer, le général Rollin, M. Raimbeaux, écuyer de Sa Majesté, M. le duc d'Elchingen, officier d'ordonnance de Sa Majesté, M. le capitaine Chambeau, M. le baron de Verdière, aide de camp du général Fleury, et M. le capitaine Faverot, officier d'ordonnance du général Fleury.

S. A. Mgr le duc de Saxe-Weimar et son officier d'ordonnance, S. A. Mgr le prince Louis de Hesse-Cassel et son officier d'ordonnance, Lord Hongton; M. le colonel Stoffel et M. le comte du Bourg.

2° S. M. l'empereur de Russie, le czarewitch, le grand-duc Wladimir, le prince Basile Dolgorowki, le comte d'Alderberg, le comte Schouvaloff, le comte Woronzoff, le général Radziwill, le colonel Rileiew, le colonel Wolkow, le comte Sœhkoff, le capitaine Kassloff, le prince Bariatinski, le comte Perowki, l'amiral Boch, le général Mœrder, le général Lebœuf, le général Favé, le baron de Bourgoing, le capitaine de Lauriston, le capitaine de Cherisey.

3o S. M. le roi de Prusse, le prince royal, le comte de Bismark, le général de Moltke, le comte de Goltz, le général de Treskow, le colonel de Schveinchz, le major de Lehndorff, le major Radzivill, le comte de Puckler, le major de Burg, le capitaine comte de Bismark, le colonel de Krosegk, le capitaine d'Eulenburg, le capitaine de Jasmund, le général de Failly et le général Reille.

Les corps d'armée étaient répartis dans l'espace circonscrit par la grande piste du champ de courses, et les Souverains sont arrivés par la porte *dite de l'Hippodrome-de-Longchamps* — située tout près de la superbe propriété de M. James de Rothschild...

Le riche baron devrait, lui aussi, offrir une petite revue à tous ceux qui ont visité notre merveilleuse Exposition... Qu'il range ses millions à la file, dans la plaine de Saint-Denis, et qu'il me confie surtout le soin des manœuvres : je lui garantis un succès énorme et une grande affluence de curieux...

Je livre mon idée aux méditations du spirituel financier, et je passe à quelques détails qui ont leur intérêt :

Après avoir défilé en colonnes devant les Souverains, les troupes dégagèrent progressivement la place, pour s'écouler par le terrain d'entraînement.

Et le soir, plus d'une bouche a redit la superbe tenue et l'éducation supérieure de nos soldats, qui ont porté si haut la gloire militaire de la France!

Le bon Dieu, — l'empereur des Empereurs — y a mis du sien. Il a retenu son soleil derrière un rideau de nuages, et nous a gratifiés d'un temps adorable. Je pourrais ajouter sur un ton plus sérieux que la Providence a manifesté sa divine intervention d'une façon plus irrécusable, en protégeant notre hôte auguste, le czar Alexandre II, contre les coups d'un fanatique que la réprobation universelle a puni de son forfait.

LE BAL DES SOUVERAINS

A L'HOTEL-DE-VILLE.

IX

LE BAL DES SOUVERAINS

A L'HOTEL-DE-VILLE.

(8 *juin*.)

Si le seigneur de Vaux (dont les fameuses fêtes éclipsaient celles qu'offrait à sa cour le roi Soleil), — si le surintendant Fouquet avait pu assister au bal donné par le préfet de la Seine aux Souverains présents à Paris, nul doute qu'il ne se fût avoué surpassé et vaincu. La grandesse de M. Haussmann en matière de réjouissances a dit son dernier mot — ce jour-là.

Nous étions loin de nous attendre à de telles splendeurs. Des indiscrets, munis de leurs petites entrées dans les salons de la place de Grève, nous avaient bien prédit que le généreux magistrat avait entrepris de faire oublier le luxe et l'éclat du raoût offert par lui, en 1855, à S. M. la reine Victoria. Mais nous avions souri, car cette soirée, devenue légendaire, nous avait jadis paru le *nec plus ultra* du genre.

Eh bien! il faut nous incliner et proclamer, avec les 10,000 invités du 8, qu'il ne sera pas donné deux fois dans ce siècle d'assister à un tel spectacle.

Les féeries des Hostein et des Marc-Fournier, malgré leurs trucs, leur soie, leurs paillettes, leurs velours, leur or, leur électricité et leur mise en scène, nous paraîtront désormais froides, mesquines et éteintes... Mettez-vous donc en face d'une chandelle après avoir regardé le soleil!

Mais je m'arrête, — car quelque esprit chagrin, en mal de copie, guette nos impressions, épie nos périodes et s'apprête à décharger sur nos épithètes son tromblon bourré de railleries banales et faciles.

Je sais bien que, pour certains journalistes, c'est péché d'écrire comme l'on sent, et que l'enthousiasme — preuve habituelle d'ardeur, de jeunesse et de cœur — est un vice capital, — sinon un attentat à la dignité de l'homme qui le signe...

Trop tôt, hélas! je ne trouverai plus merveilleuses et splendides les fêtes de M. Haussmann; trop tôt je resterai froid, impassible et ennuyé devant soixante mille soldats manœuvrant dans une plaine!!! Laissez la carrière ouverte à mes admirations au risque de leur voir dépasser le but. N'exigez pas que je sois stoïque avant l'âge. Laissez à mes images leur naïveté et leur sincérité.

Je continuerai donc, en disant à nos lecteurs que mon intention était de suppléer aux louanges dues au bal de l'Hôtel-de-Ville par des chiffres éloquents... Je me réjouissais de publier ici un compte curieux et concluant des dépenses nécessitées par cette solennité; mais c'est en vain que j'ai couru après le secrétaire du préfet, M. Michaux, le détenteur de mille détails intéressants. M. Michaux est resté introuvable... force m'est donc de passer outre.

Les Souverains sont arrivés à dix heures, formant

un seul cortége composé de vingt voitures de gala.

L'ornementation et l'éclairage de la cour Louis XIV les a quelque temps retenus sur le seuil.

C'est qu'aussi cette cour était bien... Allons, bon! j'allais oublier le critique morose.

Je voudrais pourtant m'extasier un peu sur les avant-corps de bâtiments construits spécialement pour la circonstance, sur les galeries extérieures flanquées aux murs pour faciliter la circulation, sur le féerique couloir situé en face la caserne Napoléon.

Je voudrais encore dire deux mots — rien que deux — des orphéons dissimulés dans les combles, des trois orchestres, des vingt buffets, des dix mille personnes qui s'agitaient dans ces flots de lumière, des toilettes et des voitures! Mais c'est ici que m'attendrait mon homme...

Au risque d'essuyer une averse de plaisanteries, je veux finir en vous entretenant de la fin de la fête. Si les escaliers étaient superbes avec leurs municipaux indigènes, et leurs plantes exotiques, si l'agitation des quatre péristyles était étonnante, ces mêmes escaliers et ces mêmes péristyles ne manquaient pas de pittoresque vers trois heures du matin, avec leur population de jolies femmes, qui, surmenées et rompues, s'étaient assises sur les marches — aux pieds des gardes de service — en attendant leurs fiacres qui ne venaient point. Quand les degrés furent littéralement couverts de ces ornements d'un nouveau genre, il fallut chercher ailleurs un endroit où reposer sa tête, et sans plus de façon le bataillon des fatiguées s'accroupit sur le tapis des portiques et des vestiaires... Quelques-unes finirent par s'endormir, car les carrosses demandés à deux heures du matin par les valets de pied venaient quérir leur fardeau trois heures plus tard. J'en sais qui ne purent obtenir leur coupé qu'à sept heures du matin.

Lorsque la place fut un peu « déblayée », elle offrit un spectacle bizarre, étrange. La laine des moquettes disparaissait presque totalement sous une couche de fleurs fanées et de fausses perles écrasées. Cà et là des morceaux de dentelles, de tulle et de mousseline, lambeaux arrachés aux atours des élégantes par les rudes broderies et les chamarrures étincelantes des uniformes.... Les gardes d'épées et les filigranes des épaulettes avaient aussi écorché bien des peplum et rudoyé bien des épaules, mais bast! Il ne reste dans la mémoire de tous et de toutes qu'une impression de joie et d'admiration sur le bal des Souverains.

Je ne crois pas mieux terminer cet informe compte-rendu, qu'en contant que le conseil municipal a voté un crédit de 1,500,000 francs pour les fêtes offertes aux monarques; celle du 8 juin 1867 a coûté 900,000 francs, et a provoqué les lamentations de certains journaux.

En dépit de ces plaintes, je tiens cette dépense pour utile et nécessaire. Et puis, ne sommes-nous pas dans le pays qui offrit à Henri VIII les magnificences du Camp du drap d'or!

LE BAL DES TUILERIES

X

LE BAL DES TUILERIES

(10 *juin.*)

La plume qui a écrit les *Mille et une Nuits* pourrait seule dépeindre les magnificences et les surprises de ce bal.

Si la série des fêtes offertes aux Souverains ne touchait à sa fin, je commencerais à être fort inquiet et fort empêché, car il n'est pas commode de rendre compte de ces enchantements successifs et multipliés, sans tomber dans les redites. Je suis à bout d'admiration, et les adjectifs me manquent.

Pour nous faire braver l'aridité du thème, il nous faut songer que nous devons tenir nos lecteurs au courant de toutes les fêtes qui ont accompagné le séjour des Souverains à Paris, et que nous nous sommes engagé, à dépeindre ces réjouissances en termes assez précis pour qu'ils en puissent concevoir l'éclat, aussi bien que s'ils y avaient assisté.

Le nom de l'ingénieur chargé d'organiser les illuminations et l'ornementation du parc des Tuileries était ce soir-là, et sera longtemps encore, dans toutes les bouches. Il a accompli des miracles, car il est miraculeux, après le bal de l'Hôtel-de-Ville, d'être parvenu à éblouir les yeux. M. Alphand y est arrivé pourtant, et je dois ajouter qu'il a prouvé plus que de l'art et du talent dans l'accomplissement de son mandat. Toute la façade du palais était éclairée par le reflet des cordons de gaz et des astragales lumineux du jardin, qui ressemblait à un immense parterre enflammé.

Les massifs d'arbres — aux branches desquels on avait suspendu des milliers de lanternes vénitiennes — semblaient tout à coup comme incendiés par des feux de Bengale. Et des flots de lumière électrique multicolore allaient iriser les jets d'eau des bassins. L'effet de ces gerbes étincelantes était admirable. On eût dit des cratères vomissant des diamants, des améthystes et des topazes.

Au milieu de la grande allée avait été disposé un colossal soleil de gaz, dont la forme rappelait fidèlement la plaque de Saint-André, l'ordre russe le plus élevé.

Leurs Majestés et Leurs Altesses Impériales et Royales ont admiré ce tableau féerique du haut de l'escalier à deux rampes, construit en quelques jours par des ouvriers mandés à cet effet. Cet escalier de charpente, recouvert de toile peinte, avait son sommet au balcon du pavillon de l'horloge (12 mètres d'élévation), et sa double base apparaissait de chaque côté de la grande porte.

Chacun en le voyant disait :

« Quel dommage qu'il ne soit pas en vraie pierre. »

Des gens se prétendant bien informés affirmaient que l'intention de S. M. l'Empereur est d'éterniser cette ornementation en remplaçant le bois et la toile par du marbre.

Tous les salons avaient été éclairés et les invités, au nombre de six cents, descendaient de leur voiture devant deux perrons. Les appartements de l'Impératrice, la galerie de Diane, la salle du Trône, la salle des Maréchaux, la galerie de la Paix et quatre ou cinq boudoirs ordinairement clos étaient ouverts, en sorte que la circulation — fort aidée du reste par l'accessibilité des jardins — était facile, commode, et qu'on ne souffrait pas trop de la chaleur.

L'enthousiasme a été à son comble au moment du souper, assis, qui a eu lieu dans l'ancien théâtre du château. Cette salle avait été absolument démolie et son ancien agencement avait été bouleversé. En quelques jours, on avait tout abattu et tout reconstruit.

Une vaste et haute estrade avait été dressée pour les Souverains ; le parterre avait été abandonné aux invités. Des fleurs partout, des draperies, des tentures, et dans le fond une fontaine et un rideau derrière lequel le Conservatoire et l'Opéra avaient envoyé leurs plus belles voix et leurs meilleurs artistes.

Tout a marché pour le mieux et sans encombres... Il est certain que nos hôtes garderont le meilleur souvenir de leur réception en France. En tout cas, je doute qu'ils aient jamais été accueillis avec plus de plaisir et de cordialité. L'Impératrice l'a bien prouvé ; car durant le séjour des Souverains, Sa Majesté n'a cessé de s'occuper des fêtes qu'on leur offrait aux Tuileries, et c'est grâce à sa haute sollicitude et à sa surveillance incessante que celle-ci a réussi au-delà de toute expression.

EXCURSION DES SOUVERAINS

A FONTAINEBLEAU.

XI

EXCURSION DES SOUVERAINS

A FONTAINEBLEAU.

(11 *juin*.)

Je me suis souvenu, pendant cette excursion, du beau voyage de l'Est que j'eus la chance de faire l'an dernier, à la suite de l'Impératrice et du Prince Impérial... Comme en juillet 1866, le temps était superbe, et je fendais l'espace, emporté dans un des wagons réservés aux déplacements de la cour. Je n'étais alors qu'un simple et obscur rédacteur, attaché à une feuille qui eût pu s'intituler le *Moniteur de l'actualité*, et je m'en allais, par faveur spéciale, assister à la série des fêtes brillantes offertes par la Lorraine à l'Impératrice des Français.

Les choses ont bien changé depuis. Une auguste volonté m'a conféré des fonctions spéciales, et je suis devenu titulaire d'une mission répartie jusqu'ici entre plusieurs de mes collègues.

Plus facilement initié aujourd'hui à des détails qu'il me fallait conquérir jadis au prix de mille démarches, il m'a semblé utile que le public profitât de ces avantages.

Ceci posé, je passe à l'excursion qui a dignement terminé le séjour du tzar en France.

L'Empereur, l'Impératrice, le roi de Prusse, les princes et les princesses, présents à Paris, sont montés en wagon à midi et demi, et sont arrivés une heure plus tard à Fontainebleau.

La gare était encombrée d'un monde considérable, que la gendarmerie et la troupe avaient peine à refouler le long des barrières.

La cour du débarcadère résonnait du bruit

des grelots des chevaux et des piaffements des percherons attelés aux chars-à-bancs destinés aux illustres promeneurs. Les piqueurs, bottés, éperonnés et galonnés du talon au tricorne, se tenaient raides sur leurs montures, le fouet en arrêt, épiant les signes du premier écuyer de service.

Le cortége s'est dirigé vers le château en suivant la belle avenue de platanes qui aboutit à la ville, et pénétrant dans le palais par le perron d'honneur, les hauts personnages et leur suite ont immédiatement commencé la visite des salles et es appartements dont les fresques, les meubles, les tapisseries et les sculptures ont provoqué l'admiration générale. La salle du théâtre, dont le plafond a commencé la réputation du peintre Voillemot, a été fort appréciée par Leurs Majestés et Leurs Altesses.

Quant à M. de Bismark, il a paru prendre un intérêt spécial aux détails qui évoquent des souvenirs historiques. Le hasard m'a fait quelque temps cheminer dans les galeries, derrière le célèbre homme d'État, qu'accompagnait un chambellan de l'Empereur.

J'ai, malgré moi, prêté l'oreille à ses propos... M. de Bismark est un puits de science. L'histoire des rois et des peuples lui est familière, et il cite *ex abrupto* les détails les plus intimes sur les dates et les faits qui lui reviennent en mémoire.

Sa voix est agréablement timbrée. Il s'exprime en français, sans accent. Son allure et son costume sont tout militaires, mais il n'a point cet air grognon et bourru dont quelques esquisseurs ont assombri son portrait.

Sans avoir le visage affable et jovial de son souverain, ses traits, hauts en couleur, s'illuminent dans la conversation, et son torse a, — lorsqu'il parle aux dames surtout, — des inflexions pleines de grâce. Sa bouche sourit fort gaiement et révèle lorsqu'il cause un esprit naturel et sans prétention.

M. de Bismark n'a pas non plus la cauteleuse finesse et la dissimulation guindée du diplomate... C'est peut-être ce qui rend dangereux le ministre du roi Guillaume.

Je me suis rappelé en l'observant ce que disait je ne sais quel monarque sur le compte d'un ambassadeur de l'avant-dernier siècle: « Chacune de ses paroles me coûte une province. »

Après la visite, entrecoupée de stations devant des porcelaines, devant des tableaux et sur les balcons, l'on s'est assis dans la salle de Henri II, où une collation a été servie. Et puis l'on s'est rendu au musée chinois, dont les vitrines recèlent, — comme on sait, — des merveilles rapportées du Céleste-Empire et collectionnées par les soins de l'Impératrice.

Le grand-duc Wladimir, grand amateur de chiens, se réjouissait d'aller à la vénerie et d'assister, dans la vallée de la Sole, au « lancer » de cinq cerfs qu'on n'a point forcés — faute de temps. Mais voilà que les heures, qui passent rapides — trop rapides même en de telles circonstances — ont rappelé aux écuyers de service que le départ du tzar obligeait le cortége à se trouver à la gare pour cinq heures un quart.

Une demi-heure restait : c'était trop peu pour mettre le nez en forêt. On est donc resté au bord de la grande pièce d'eau, à la surface de laquelle se mouvaient les carpes séculaires. On eût dit que ces poissons, — qui partagent avec les sauvages le privilége de porter un anneau dans les narines, — mettaient de la coquetterie à se jouer à fleur d'eau. Les barques dans lesquelles sont montés les illustres promeneurs ont bientôt renvoyé dans les couches inférieures de leurs domaines les familières habitantes de ces bassins merveilleux.

Tous les systèmes de navigation de plaisance sont représentés sur ce lac bordé de pelouses verdoyantes.

L'Empereur Napoléon, — qu'on sait fort habile à tous les exercices qui exigent de l'adresse et de la force, — a manœuvré, sous les yeux de ses hôtes, une nacelle munie de deux rames dont les extrémités supérieures sont fixées à une tige de fer ayant l'apparence d'un mât — et dont les palettes plongent dans l'eau, à angle aigu. En quelques minutes et avec une rapidité étonnante, Sa Majesté a fait le tour de la pièce d'eau.

Mais bientôt les voitures furent mandées, et un quart d'heure après on remontait dans le train impérial.

Au niveau de Bercy, on s'est engagé sur le chemin de ceinture, jusqu'à la gare de la Villette, où le tzar et le grand-duc Wladimir ont pris place dans des wagons qui les ont déposés à Kehl le lendemain matin. Tout le service d'honneur attaché par l'Empereur des Français à leurs personnes les a accompagnés jusqu'à la frontière.

L'adieu des deux Souverains a été cordial et touchant. C'était plus que deux empereurs échangeant des poignées de main et des remercîments. C'étaient deux sympathies et deux amitiés qui se séparaient.

Le grand-duc héritier a dû se diriger vers la gare du Nord, car il partait pour Londres à huit heures.

LL. MM. II. le roi de Prusse et son fils sont restés dans le convoi, qui est entré dans la gare de l'Est, à sept heures un quart; quelques minutes après, Majestés, princes et princesses étaient rentrés dans leurs appartements.

Avant son départ, Sa Majesté le czar a conféré le *grand cordon de Saint-Alexandre-Newski* à MM. Fleury, Lebœuf, Haussmann et de Bourgoing.

Suivant l'usage qui veut que l'on place dans la salle des conseils le buste de tous les Souverains qui visitent l'Hôtel-de-Ville, le buste de l'empereur Alexandre figure actuellement à côté de ceux de la reine Victoria, du roi Victor-Emmanuel, du roi des Belges : c'est S. M. la reine d'Angleterre qui a inauguré le magnifique escalier des Souverains de l'Hôtel-de-Ville.

L'Empereur a été très-libéral en France : à Paris notamment, où il a laissé, avant de partir, 50,000 fr. pour les pauvres.

VISITE DU ROI DE PRUSSE

AUX ÉCURIES IMPÉRIALES.

XII

VISITE DU ROI DE PRUSSE

AUX ÉCURIES IMPÉRIALES.

(12 *juin.*)

Le Parisien est un animal de mœurs étranges et d'un esprit singulièrement fantasque. S'il voyage, son premier soin est, en arrivant dans les villes qui lui sont inconnues, de visiter les monuments, les palais, les églises. S'il est à Paris, il manifeste à l'endroit des curiosités de la capitale la plus profonde indifférence... Je sais des Parisiens qui n'ont jamais vu Montmartre, d'autres qui n'ont jamais parcouru le musée du Louvre. Il est vrai que j'en ai rencontré *un* qui avait été voir la grande marmite de l'hôtel des Invalides, — mais il avait cédé aux sollicitations d'un parent de province et s'en est longtemps caché comme d'une faiblesse condamnable. Eh bien! je suis — ou plutôt j'étais — de ces nonchalants qui affectent de croire que la capitale se compose de la maison qu'ils habitent et des boulevards qu'ils arpentent, et lorsque je tombais, en parcourant un journal, sur les heures durant lesquelles les galeries du musée de Cluny sont ouvertes au public, je passais outre en me disant :

« Ça regarde messieurs les étrangers ! »

Il a fallu le séjour des monarques en France pour me faire déroger à ce principe qu'un Parisien « doit tout voir excepté Paris. » Le palais de Fontainebleau m'était parfaitement inconnu avant l'excursion que je viens de raconter... Quant aux écuries impériales, je n'aurais su désigner encore le point où elles sont situées, sans le roi de Prusse, qui les a visitées, accompagné de son fils, le prince royal, et d'une suite nombreuse. Obligeamment averti de cet incident, j'ai couru cour Caulaincourt, et voilà comment je suis amené aujourd'hui à vous décrire l'aménagement de ces bâtiments spacieux où l'on reconnaît les effets d'une administration habile et intelligente.

S. Exc. le général Fleury, grand écuyer, assisté de M. le comte Davilliers, premier écuyer, de son aide de camp, de son officier d'ordonnance et de tous les employés supérieurs de sa maison a, dès le seuil, reçu le roi Frédéric-Guillaume dont les connaissances hippiques sont tres-appréciées. Pour que le lecteur se rende compte de l'intérét qu'a dû prendre Sa Majesté à cette visite, je veux citer de suite des chiffres, convaincu que dans un sujet comme celui-ci, ils équivalent aux phrases les plus pompeuses.

Trois cent soixante chevaux dont deux cents d'attelage, soixante-dix de selle et quatre-vingt-dix de poste, cent cinquante voitures de toutes sortes, et une innombrable quantité d'hommes d'attributions diverses, tel est le matériel animé et inanimé sur lequel porte la direction des écuries impériales. Tout cela est guidé et surveillé par un quartier-maître qui a la haute main sur cette pléiade de subalternes, dont voici les titres divers : premiers piqueurs de l'attelage, premiers piqueurs de la selle, piqueurs de Daumont, piqueurs de la selle, cochers du corps, cochers de ville, postillons de Daumont, grooms, courrier-chef, courriers, estafettes, postillons, éclaireurs, palefreniers, cireurs, selliers et maréchaux.

Tout le monde était à son poste, le jour de la visite du roi. L'ordre avait été donné à chacun de revêtir la grande livrée, en sorte que le spectacle des écuries était fort pittoresque (je pourrais dire imposant, mais à propos d'écurie...).

Les boxes où piaffent les quadrupèdes sont en chêne sculpté. Tous les pensionnaires du lieu peuvent lire (ceux qui savent) leur nom de baptême écrit dans un médaillon placé au-dessus de leur tête et surmonté de la couronne impériale. A leurs pieds, se trouve une litière bien fournie, jaune comme du safran, et jetée sur une natte dont les bords tressés et réguliers, délimitent la largeur de l'allée centrale. Le chemin est fait d'un bitume résistant, qu'on a frappé, alors qu'il était chaud et malléable, de losanges et d'aigles aux ailes éployées. Les chaînes et les garnitures métalliques des boxes et des mangeoires, toutes en cuivre et en acier, brillent comme des escarboucles. Ajoutez à cela, une gaie et franche lumière tombant obliquement sur la croupe luisante des chevaux qui, de temps à autre, hennissent et frappent le sol du sabot,—des abreuvoirs et des fontaines où chante en tombant sans relâche, une eau pure ; — des hommes éperonnés et bottés, allant et venant sans cesse... et vous aurez une idée de l'aspect ordinaire des écuries.

Le jour de la visite du roi, la présence à la tête de chaque boxe d'un piqueur, d'un postillon, ou d'un cocher roide et solennel, ajoutait au charme de l'ensemble. Ces messieurs étaient vraiment beaux, avec leurs culottes de peau, leurs chaussures luisantes, leurs vestes chamarrées de broderies sur toutes les coutures, et leurs houppelandes d'apparat, — sac gigantesque, dont le drap vert disparaît presque totalement sous les empiètements du galon d'or.

Les cochers, avec leurs tricornes emplumés, leurs cheveux poudrés et leur corpulence respectable ont eu un succès mérité. Je croyais que ces automédons cessaient d'avoir cet air grave et cette apparence imposante dès qu'ils quittaient leur siége; mais il n'en est rien. Debout et sur le sol, ils gardent cette attitude spéciale dont la majesté et le *chic* résident dans un abdomen proéminent. Otez cette annexe à un cocher de grande maison, il vaut vingt-cinq louis de moins par mois. Feu Bache — le John Styx d'*Orphée* — n'eût pas fait fortune dans la partie. Buffon a dit : « Le style c'est l'homme ; » il eût pu ajouter : « Le ventre, c'est le cocher. »

Il se doit consommer beaucoup de poudre à la maréchale dans le rez-de-chaussée de la cour de Caulaincourt, car la chevelure des individus qui les occupent est presque constamment saupoudrée de cet ingrédient. Cette neige est d'un joli effet, et je ne suis pas de l'avis de M. de V..., qui prétend qu'elle donne à l'occiput des valets de pied l'aspect des tartes aux prunes placées dans l'étalage des pâtissiers.

La royale inspection a commencé par l'écurie réservée aux chevaux de selle de S. M. l'Empereur. Il me semble oiseux de vanter ici la perfection des formes de ces animaux dont la plupart ont coûté de trois à sept mille écus... Mais il ne vous déplaira peut-être pas de savoir leurs noms : 1. Walter Scott, 2. Buckingham, 3. Héro, 4, Roncevaux, 5 Alesia, 6. Merveille, 7. Carlo,

8. Marathon, 9. Marignan, 10. Perceval, 11. Stentor, 12. Marco.

Si j'avais plus de place, je vous conterais la lignée, les hauts faits et la vie de ces nobles solipèdes qui mangeaient leur avoine avec la même fourchette que les coursiers d'omnibus, et prouvaient par leur appétit l'égalité du cheval devant le picotin.

L'Auguste Visiteur a longuement examiné Walter Scott. Il a pénétré dans son boxe, a promené sa main sur son dos et a flatté son col soyeux. De là, il est passé dans les écuries des chevaux de Daumont et des chevaux de berline. Les équipages de fête et les autres voitures rangées sous la grande marquise de la deuxième cour, dans un ordre parfait, ont également été l'objet de son examen.

Il s'est plus longuement arrêté dans la remise spéciale où se trouve le grand carrosse de gala dont la galerie d'or, la caisse armoriée et le capitonnage de satin ont provoqué l'admiration générale. Ce fiacre étincelant, qui a servi pour la dernière fois en 1855, lors de l'inauguration de l'Exposition universelle, est précédé d'une voiture mignonne — splendidement décorée — qui appartient au Prince Impérial.

Les portes de la sellerie se sont ensuite ouvertes. Là, derrière les vitrines, qui les préservent de la poussière, brille une riche collection de selles d'apparat. Contre le mur sont appendus leurs accessoires dorés — depuis la gourmette jusqu'aux étriers. J'ai demandé quelle était la destination d'une selle de velours bleu à crépines et à chiffres d'argent. On m'a répondu qu'elle avait servi à l'Empereur, alors qu'il était président de la République, et qu'on la gardait comme un souvenir historique.

Je ne vous dirai rien des selles arabes et japonaises, offertes à Napoléon III par des caïds et des ambassadeurs, et je passerai de suite au manége, où l'on s'est rendu en dernier lieu.

Le manége des écuries impériales mérite une mention particulière. Grâce à ses huit énormes piliers, il supporte la salle des États dont le poids doit être raisonnable le jour des grandes solennités. On a compté près de dix mille assistants lors de la dernière ouverture des Chambres...

Mais je suis d'un étage trop haut : redescendons au manége. On y arrive par ce bel escalier à pente douce et à double rampe, qui donne si grand air à la cour Caulaincourt. Les chevaux gravissent facilement ces deux montées dont le centre est orné de fleurs et d'un bassin que remplissent incessamment les jets d'eau vomis par la gueule de deux chiens en bronze campés sur des piédestaux de marbre.

Des piqueurs en tenue de fête, la cravache en main et le cou enfoncé dans des entonnoirs de percale garnissaient ce chemin dallé—ainsi que les municipaux de M. Haussmann garnissaient l'autre soir le grand escalier de l'Hôtel-de-Ville.

Le roi a fort admiré l'élégance de cette vaste pièce, sa tribune et les chapiteaux des huit pilastres dont j'ai parlé tout à l'heure. Les sculptures de ces chapiteaux révèlent le ciseau d'un praticien éminent.

Elles représentent les attributs équestres et cynégétiqnes des États qui ont une couleur et un caractère bien tranchés. J'entends le Midi avec ses mules, ses pompons et ses grelots; le Nord, avec ses rennes, ses neiges, ses attelages bigarrés... Pour analyser chacun de ces motifs, qui rappellent isolément des poëmes nationaux et des légendes du domaine de l'ethnographie, il me faudrait la plume d'un critique érudit. Et tel n'est pas mon cas. Guillaume II, ce souverain dont le visage impose la sympathie, a exprimé son avis sur tout ce qu'il a vu, et la justesse de ses appréciations a prouvé qu'il y a encore de bons juges à Berlin. Avant de se retirer, Sa Majesté, ainsi que Son Altesse Royale, ont manifesté le désir de visiter les appartements particuliers du grand écuyer, où ils ont été reçus par madame Fleury...

L'amabilité, le charme et la grâce ont élu domicile, cour Caulaincourt, dans le corps de logis réservé au général Fleury et à sa famille. Je suis certain qu'aujourd'hui le roi de Prusse est absolument du même avis que moi.

Le roi de Prusse a conféré le *grand cordon de l'Aige noir* à MM. le marquis de Moustier, le maréchal Canrobert et le maréchal Regnault de Saint-Jean d'Angély...

Sa Majesté a laissé beaucoup de décorations en France ; mais on a remarqué qu'elle n'en a pas donné une seule au personnel de son ambassade.

SA HAUTESSE LE SULTAN

9.

XIII

SA HAUTESSE LE SULTAN

(30 *juin.*)

« Notre seigneur le sultan Abdul-Medjid Khan, fils du sultan Mahmoud Khan, vient de mourir. Que Dieu ait son âme ! Il a pour successeur le sultan Abdul-Aziz Khan, fils du sultan Mahmoud Khan. Que Dieu bénisse son règne ! »

Tel est le cri qui, en 1861, le 25 juin, retentit

sur les rives du Bosphore et annonça l'avénement du sultan actuel.

Abdul-Aziz-Khan est né le 15 chaban 1245 de l'hégire (soit le 9 février 1830). Il règne depuis le 27 zilhidjé 1277 (soit le 25 juin 1861).

C'est un des souverains européens dont la physionomie est peut-être la plus intéressante, car il a apporté dans un pays encore arriéré le progrès et la civilisation.

Pour donner au lecteur une idée de la noblesse et de la hauteur de son caractère, il nous suffira de citer ici la belle lettre qu'il écrivit à son grand vizir dans les premiers jours de son règne :

« Mon illustre vizir, Mehemmed-Emin-Pacha :

» Arrivé, selon les décrets éternels du maître suprême de l'univers, au trône impérial de mes glorieux ancêtres, je vous ai confirmé, en raison de la fidélité et de la sagacité dont vous avez donné tant de preuves, au poste élevé du grand vizirat, ce que j'ai fait également pour les autres ministres et fonctionnaires de mon empire.

» Je tiens à ce que tout le monde sache que mon plus grand désir est d'accroître, avec l'aide de Dieu, la prospérité de l'Etat, et de faire le bonheur de tous mes sujets, sans distinction, et que j'ai consacré dans toute leur plénitude toutes les lois fondamentales qui ont été jusqu'à présent promulguées et établies dans le but d'obtenir un heureux résultat, afin d'assurer à tous les habitants de mon empire la vie, l'honneur et la jouissance de la propriété.

» Notre loi sacrée, qui est la justice même, étant également la base de la stabilité et le fondement de la splendeur de notre empire, ses préceptes divins nous dirigent dans la voie du salut. Aussi je veux fermement que l'on ait une très-grande attention à tout ce qui regarde son administration.

» Le maintien et l'accroissement de la gloire et du bien-être de tous les Etats dépendent de l'obéissance de chacun aux lois existantes, et de la vigilance de tous, grands et petits, à ne jamais dépasser la sphère de leur droit et de leur devoir.

» Que ceux qui suivront cette voie sachent qu'ils seront l'objet de ma sollicitude impériale, et ceux qui s'en écarteront doivent être certains d'encourir les peines qu'ils auront méritées.

» J'ordonne péremptoirement à tous les ulémas, fonctionnaires et employés dans les différentes branches du service public, de remplir leur devoir avec une entière droiture et une fidélité exemplaire.

» C'est par l'assistance divine, par l'union, les efforts éclairés et la persévérance des hauts dignitaires et fonctionnaires que s'accomplissent les grandes œuvres dans les Etats.

» C'est en nous attachant à cette base immuable, c'est-à-dire par les efforts loyaux de tous, que la régularité et le bon ordre dans l'administration intérieure et financière de notre empire seront assurés; de mon côté, j'y consacrerai toute ma sollicitude et une surveillance incessante.

» Les différents ministères et administrations de mon empire auront à se conformer strictement aux soins que j'apporterai tout particulièrement, dans le but de mettre bientôt, avec l'aide de la divine Providence, un terme aux difficultés financières, que des causes diverses ont fait surgir depuis quelque temps.

» Pénétré de la conviction que je n'ai rien personnellement tant à cœur que de rétablir et d'accroître le crédit financier de l'empire et la prospérité de mes peuples, mon ministère aura à me soumettre les projets de lois et d'améliorations propres à établir une parfaite économie dans la perception et dans l'emploi des fonds publics, et à les préserver de toute malversation.

» Mes armées impériales de terre et de mer sont l'un des soutiens de la grandeur de mon empire ; mon gouvernement veillera au maintien de leur discipline et à l'augmentation de leur bien-être.

» Les efforts de mon gouvernement tendront à maintenir et à resserrer de plus en plus les relations amicales qui existent entre l'empire ottoman et les puissances amies et alliées. Le plus grand respect sera invariablement apporté aux traités existants.

» Enfin, que dans toutes les branches de l'administration chacun prenne pour règle de conduite les devoirs sacrés de la loyauté, de la probité, du zèle et de la fidélité à l'empire.

» Que chacun sache bien que c'est la seule voie qui le mènera au bonheur et au salut.

» Tels sont mes fermes volontés et mes ordres.

» Je tiens à proclamer également que mon désir pour la prospérité de mes sujets n'admettra aucune distinction, et que ceux de mes peuples qui sont de différentes religions ou de différentes races trouveront en moi la même justice, la même sollicitude et la même persévérance à assurer leur bonheur.

» Le développement progressif des grandes ressources que Dieu a mises à la disposition de notre empire, les vrais progrès de notre bien-être, qui en résulteront, à l'ombre de ma puissance impériale, et l'indépendance de mes vastes Etats seront l'objet de mes pensées de tous les instants.

» Que Dieu, le dispensateur suprême des grâces, vous couvre tous de sa puissante protection.

» ABDUL-AZIZ. »

Le sultan est arrivé en France le 30 juin, accompagné de deux des quatorze enfants laissés par Abdul-Medjid.

Sa suite se composait de :

S. A. Fuad Pacha, ministre des affaires étrangères ; — de LL. Exc. Djemil Bey, premier chambellan ; Kiamil Bey, grand maître des cérémonies ; et d'Emin Bey, premier secrétaire ; — d'Arifi Bey, premier interprète du Divan ; — de Marko Pacha, médecin de Sa Majesté ; — de six chambellans, de quatre aides de camp, six officiers, dix sous-officiers, six gardes du corps ; de plusieurs interprètes et secrétaires, et enfin d'une vingtaine de serviteurs attachés au service de Sa Majesté et des princes impériaux.

Il amenait en outre avec lui, outre Mehemmed-Mourad et Abdul-Hamed, ses neveux, dont je viens de vous parler, son fils, le prince Iussouf-Iz-Eddin-Effendi.

Il s'est embarqué sur son yacht le *Sultanié*, escorté de plusieurs frégates, entre autres le *Pertew-Pialé* et l'*Orkhan*.

L'escadre française du Levant est allée à sa rencontre et l'a escorté le plus loin qu'elle a pu.

A Naples, il a rencontré la flotte italienne qui l'a salué au passage, et le vice-amiral comte de Gueydon a appareillé de Toulon avec trois divisions navales et s'est porté au-devant de Sa Hautesse qui est arrivée à Toulon le 30 juin.

Abdul-Aziz est de mœurs très-douces. Le fez le distingue seul des autres Européens. Sa tenue officielle (costume de général ottoman) est excessivement simple : — un pantalon noir, une tunique noire aux manches galonnées, plus une aigrette et un diamant à son fez.

La visite du Commandeur des croyants sur notre sol est une preuve éclatante de l'amour qu'il ressent pour le progrès et la civilisation, car pour venir chez nous il a dû rompre en visière à quelques préjugés du vieux parti musulman...

Le premier de ceux-là est celui qui défend au sultan de sortir de son royaume...

Le sultan a, dit-on, apporté avec ses bagages plusieurs barils d'eau sacrée pour ses ablutions...

Il a vécu fort retiré, sortant peu..., il semblait dépaysé chez nous ; il n'en a pas été de même d'Ismaïl Pacha, qui a commandé 14 douzaines de pantalons, 8 douzaines de gilets et 8 douzaines de redingotes...

L'étiquette ottomane gênait un peu notre hôte, je dois le dire ; en effet, il ne doit jamais manger devant témoins, et il paraît que s'il assiste à un repas, ce n'est qu'à la condition de se dissimuler au fond d'une loge grillée vers laquelle les convives doivent bien se garder de tourner leurs regards...

La malheureuse fin de l'empereur Maximilien a forcé de décommander toutes les fêtes que l'on avait ordonnées en son honneur.

C'est ainsi qu'il a à peu près perdu la réception de gala qui l'attendait à l'Hôtel-de-Ville...

Cependant une parade militaire a eu lieu pour lui aux Champs-Elysées, le 9 juillet.

Les Parisiens ont eu ce jour-là un spectacle auquel ils ne sont guère habitués : une grande revue dans les Champs-Elysées.

Le temps était splendide, l'endroit admirable, en plein Paris, à cent pas de la rue Royale, l'heure la plus commode de la journée; aussi l'affluence des spectateurs était-elle énorme.

On ne peut guère évaluer à moins de 200,000 personnes la foule qui s'est portée à ce spectacle superbe.

De la place de la Concorde jusqu'à l'Arc de Triomphe, toute l'avenue de gauche des Champs-Elysées était occupée par les différents régiments massés en colonnes serrées.

La garde stationnait du côté des Tuileries. L'artillerie était rangée sur l'avenue Montaigne jusqu'au cours la Reine.

La circulation des voitures était interdite — naturellement — et de la Concorde à l'Etoile, l'avenue s'étendait vide, large et unie comme un énorme tapis grisâtre. A gauche, les troupes en rangs épais, immobiles et comme alignées au cordeau ; à droite, le peuple.

C'était un coup d'œil réellement imposant et magnifique.

Le Sultan était arrivé à trois heures et demie aux Tuileries dans une voiture conduite à la Daumont. L'Empereur et Sa Hautesse sont immédiatement montés à cheval dans la cour réservée du Carrousel où se trouvaient rangés en bataille les maréchaux et leur état-major ainsi que l'escadron des cent-gardes.

Au milieu du groupe principal, on remarquait le maréchal Bazaine monté sur un petit cheval de montagne magnifique.

L'Empereur s'est approché du maréchal et s'est entretenu avec lui pendant deux ou trois minutes; puis, donnant le signal du départ, Sa Majesté s'est dirigée vers la voûte du pavillon de l'Horloge, suivie du Sultan et de toute cette suite brillante au milieu de laquelle on remarquait les uniformes pittoresques des Arabes, des Turcs et des Hongrois.

Le cortége est arrivé à quatre heures précises devant les chevaux de Marly.

Il était composé de :

S. A. I. Mehemmed-Mourad Effendi, héritier présomptif du trône de Turquie ;

S. A. I. Abdul-Hamed Effendi ;

S. A. R. le grand-duc régnant de Saxe-Weimar ;

S. A. R. le prince d'Orange ;

S. A. I. le prince Napoléon ;

S. A. R. le duc d'Aoste ;

S. A. I. le duc de Leuchtenberg ;
S. A. le prince Hermann de Saxe-Weimar
S. A. le prince de Montenegro.

A quatre heures, l'Empereur et le Sultan, à cheval tous les deux, arrivèrent par la place de la Concorde, suivis d'une escorte si brillante et si nombreuse que ce fut un frémissement d'admiration, quand ce groupe de cavaliers ruisselants d'or, de pourpre, d'azur, d'argent et d'acier, déboucha au galop dans les Champs-Elysées, au bruit des sonneries des tambours et des clairons.

L'Empereur montait le cheval bai que les Parisiens connaissent tous ; le Sultan, bon cavalier aussi, montait avec aisance un admirable barbe gris argenté.

Après la revue, l'Empereur et le Sultan vinrent prendre place avec leur état-major devant la porte d'entrée du Palais de l'Industrie, et le défilé commença.

Cette manœuvre était particulièrement intéressante, à cause de la difficulté des évolutions. Elle a été faite avec un ensemble rare, aux acclamations frénétiques des spectateurs.

Il était près de six heures et demie quand la

dernière batterie d'artillerie.a défilé au trot par l'avenue Marigny et les Champs-Elysées.

Lorsque le premier escadron est passé devant le Palais de l'Industrie, on a senti comme un froid parcourir la foule; les soldats eux-mêmes n'étaient pas étrangers à ce frisson.

— Mais c'est un enterrement, cela, s'est écrié un brave provincial.

— Il manque quelque chose à ce défilé, reprit un autre.

Oui, il manquait quelque chose : la musique! Celle du dernier régiment avait quitté la place en même temps que la dernière compagnie défilée.

Après la revue, et comme l'Empereur et le Sultan se dirigeaient vers l'Élysée, la foule avide de voir Leurs Majestés s'est jetée précipitamment vers l'avenue Gabrielle. Malheureusement le premier rang poussé par le second vint se butter contre les fils de fer qui protégent les massifs de fleurs et s'abattit comme une rangée de capucins.

A son tour, le deuxième rang que poussait le troisième eut le même sort, et ainsi jusqu'au cinquième.

Il y avait là des dames, des jeunes filles, toutes firent la culbute...

Or, comme on était tombé sur le gazon, personne ne se fit mal, et de tous côtés s'élevèrent de joyeux éclats de rire.

Cet accident, qui n'est qu'incident, a été le seul de la journée.

Son séjour ne pouvant se prolonger davantage, le Sultan Abdul-Aziz Khan a quitté Paris le 11 juillet, et est arrivé à Boulogne à onze heures et demie du soir : la gare était illuminée, les autorités ont accompagné le Commandeur des croyants à l'hôtel du Pavillon, où un souper magnifique l'attendait; le cortége marchait aux flambeaux.

En rade se tenait la *Reine-Hortense* qui devait transporter l'auguste passager en Angleterre.

Abdul-Aziz a quitté la France le lendemain à huit heures.

Une curieuse particularité des mœurs intimes du Sultan, c'est l'horreur profonde que les chats lui inspirent...

Un jour, au sérail, un chat pénètre dans le retrait de Sa Hautesse.

Celle-ci appelle, et manque de tomber en défaillance...

Mais on ne pouvait attraper le chat qui, se voyant poursuivi, bondissait comme un possédé...

Enfin un soldat parvient à le saisir et l'emporte...

Le soldat fut, dit-on, décoré de l'ordre du Medjidié...

SON ALTESSE LE VICE-ROI D'EGYPTE

XIV

SON ALTESSE LE VICE-ROI D'EGYPTE

(16 *juin*.)

Ismaïl Pacha, vice-roi d'Egypte, a trente-sept ans; il est le deuxième fils d'Ibrahim Pacha; il a reçu son éducation en France, à l'école d'État-major.

Quelques jours avant son départ, il a reçu du Sultan, moyennant une augmentation de tribut, le titre de roi qu'il ambitionnait depuis longtemps de troquer contre son titre de vice-roi.

Il a fait la traversée d'Alexandrie à Toulon (450 lieues) en cinq jours.

Reçu à Toulon par M. le général Pajol, aide de camp de l'Empereur et M. Raimbeaux, son écuyer, venus à sa rencontre, il s'est dirigé sur Lyon où l'attendaient M. le sénateur Henri Chevreau, préfet du Rhône, et M. le général de Montauban, comte de Palikao, accompagnés par les autorités civiles et militaires...

Sa Majesté était accompagnée dans son voyage, de S. Exc. Ragheb Pacha, ministre des affaires étrangères, des généraux Chahim Pacha, Hassan Pacha, son premier aide de camp, et de Falant Pacha, son premier secrétaire.

Son frère, le prince Mustapha, est venu en même temps que lui et est allé rendre ses devoirs au Sultan.

Le vice-roi s'est rendu très-souvent au Palais du Champ-de-Mars, et voici dans quels termes un des chroniqueurs de l'Exposition racontait sa première visite:

« Hier, l'Égypte était en fête. C'était le jour de la visite officielle de S. M. Ismaïl, et cette réception devait emprunter aux mœurs de l'Orient un éclat inaccoutumé. Toutefois, il y a eu déception, ce souverain ayant des idées trop avancées pour aimer à jouer au grand monarque, et se contentant d'être un excellent homme, administrant très-paternellement les habitants peu nombreux de ses vastes États.

» Vers dix heures du matin, le nouveau roi est entré au Champ-de-Mars. Il a été reçu devant son salamlik, par M. Leplay et les divers chefs de la Commission impériale, ainsi que par M. Charles Edmond, commissaire égyptien. Les notabilités lui ont été présentées à l'intérieur du salamlik.

» On a fumé les chibouques et pris le café. Puis le roi et sa suite se sont rendus au palais du bey de Tunis, où le café a été servi aux accords de la musique orientale.

» Le soir, à six heures, le roi est revenu au Champ-de-Mars, accompagné de M. Ferdinand de Lesseps, de Nubar Pacha, de Chahim Pacha, du général Pajol et de M. Raimbeaux. Le salamlik était illuminé. Les mamelucks du vice-roi, dans leur merveilleux costume, en gardaient la porte. A l'intérieur, on a pris du café et fumé le narguileh et les chibouques. Puis le roi et ses hôtes ont fait une promenade à pied autour du palais de l'Exposition, et sont partis vers onze heures. »

Le vice-roi a eu l'honneur de recevoir l'Empereur et l'Impératrice dans le Salamlik de la section égyptienne.

A l'Hôtel-de-Ville, on lui a offert un repas de quatre-vingts couverts ; le banquet a été dressé dans la *Salle du Trône*.

Il y avait au plafond seize énormes lustres.

Après le dîner, les artistes du Conservatoire ont donné un concert qui a eu lieu dans les appartements du préfet.

Avant son départ, le vice-roi a acheté deux vases en bronze de 25,000 fr. pièce.

Charmé de l'intérêt qu'offrait l'Exposition, il a décidé d'envoyer à ses frais à Paris les principaux fonctionnaires de son royaume, et, en outre, quarante des chefs arabes les plus importants.

Je retrouve, dans la prose des courriéristes de l'époque, la description du yacht qui a été envoyé à l'Exposition par le vice-roi d'Égypte.

Cette barque, appelée *dahabié*, est entrée dans le port de Marseille, dans les premiers jours de mars ; après y avoir subi diverses réparations, elle est repartie pour Paris en suivant le Rhône, la

Saône, les canaux de l'Yonne et de la Seine.

De forme très-élancée à l'avant, la *dahabié* est une embarcation fort large, mesurant près de 5 mètres, et ayant, autant qu'on en peut juger à l'œil, un peu plus de 20 mètres de longueur. La moitié antérieure du bâtiment est fort peu élevée au dessus de l'eau; l'arrière, au contraire, offre une construction surmontée d'une vraie dunette qui occupe la moitié du bâtiment. La construction d'arrière, à qui on pourrait peut-être avec raison appliquer la dénomination de château d'arrière, usitée dans les constructions navales d'il y a quelque deux cents ans, contient le logement du voyageur.

On y pénètre par une double porte, et laissant à droite une salle de bain, à gauche une cabine, on arrive à la salle à manger. Une table, des divans composent l'ameublement. Le jour pénètre par six fenêtres munies de stores, de verres dépolis, de rideaux. De la salle à manger, on gagne deux cabines à couchettes, où la mode européenne se mêle un peu dans le détail des accessoires aux usages de l'Orient. Enfin, la dernière pièce entourée de divans, prenant de l'air et de la lumière des deux côtés, ornée elle aussi de glaces, peinte très-sobrement en blanc rehaussé de quelques dorures, est le salon de repos du voyageur. Telle est la disposition générale d'une barque du Nil. Nous devons ajouter que l'ameublement est entièrement l'œuvre des industries égyptiennes : épais et moelleux tapis du Caire, aux couleurs sombres, mais nettes et artistement accouplées, étoffes de soie rouge tissées d'or, franges d'or, tout l'ensemble est d'un goût parfait.

Au dehors, la dunette, nous l'avons dit, n'offre aucune particularité remarquable.

La section avant de la *dahabié* n'offre à l'œil qu'un pont ordinaire quand la barque est au repos. Mais dès qu'il s'agit de se mettre en route divers panneaux s'ouvrent sur toute la longueur, laissant une place et le banc nécessaire à douze rameurs en marche ; la barque porte un mât muni d'une immense antène, qui supporte une voile unique triangulaire.

L'EMPEREUR D'AUTRICHE A NANCY

XV

L'EMPEREUR D'AUTRICHE A NANCY

(23 *octobre*.)

Le jour approchant où l'empereur d'Autriche allait venir clore la liste de nos hôtes illustres, je me rendis à Nancy où le Souverain était attendu.

On peut comparer Nancy aux jolies femmes

qui, séduisantes en négligé, deviennent étincelantes et irrésistibles sous les atours... J'ose dire que la toilette sied fort bien à cette belle ville, dont le calme et le silence sont devenus légendaires dans le pays; et pour peu qu'un événement comme celui qui nous occupe pavoise ses maisons, accroche des drapeaux à ses monuments, attire des curieux dans ses rues et mette en branle les cloches de ses églises, l'ancienne capitale de la Lorraine change comme par enchantement. *La ville au bois dormant* se réveille !... La voilà plus agitée et plus bruyante que les cités les plus populeuses...

Après avoir été reçu à Strasbourg par le service d'honneur envoyé à sa rencontre, — après avoir entendu un discours municipal à Saverne et passé une revue de cavalerie à Lunéville, l'empereur Farnçois-Joseph est arrivé à Nancy le 23 octobre, avec les archiducs Charles-Louis et Louis-Victor, frères de Sa Majesté.

L'empereur était accompagné, à Nancy, de S. Exc. le baron de Beust, chancelier de l'empire, et de S. Exc. le comte Andrassy, président du conseil des ministres hongrois. Son Exc. le prince de Metternich, ambassadeur d'Autriche en France, accompagnait aussi Sa Majesté.

Dès que le convoi fut aperçu du haut des tours de la cathédrale, la batterie du 8e régiment d'artillerie fut prévenue, et ses pièces annoncèrent son approche par cent et une détonations.

Le train, exclusivement composé de wagons autrichiens, était à peine en gare qu'il déposait sur les quais des flots de broderies, d'aigrettes, de plaques, d'écharpes et d'épaulettes.

La suite de l'empereur François-Joseph se composait de :

S. E. le comte de Bellegarde, aide de camp général de S. M., chargé de la direction du voyage.

Le lieutenant-colonel prince Liechtenstein, aide de camp.

Major baron de Fejervary, aide de camp.

Major prince Paar, aide de camp.

Capitaine comte Uxüll, de l'état-major

4 valets de pied.

2 huissiers.

4 chasseurs.

1 laquais.

La tenue la plus remarquable de cette escorte est sans contredit celle du comte Andrassy, président du conseil des ministres de Hongrie.

Le manteau de velours bleu, la toque fourrée et les bottes à glands de l'Excellence ont attiré tous les yeux.... C'est plutôt un costume qu'un uniforme. Quant à l'empereur, il était vêtu d'un frac fmilitaire d'une extrême simplicité et sans autre décoration que la plaque de l'ordre national d'Autriche.

François-Joseph a le port roide et fier qui convient à une Majesté trans-rhénane. Son visage est empreint d'une expression de mélancolie qui ne disparaît que lorsqu'il s'adresse à quelqu'un. Du reste, son sourire est affable et sa voix possède un timbre agréable. Les archiducs, dont les cheveux sont blond ardent, ont sa démarche et ses gestes. Le plus jeune ressemble beaucoup à l'infortuné Maximilien, dont il a la bouche et le regard.

Je n'ai pu contempler le baron de Beust ni M. de Grammont, notre ambassadeur, mais j'ai parfaitement distingué les longs favoris du prince de Metternich et la figure joviale de l'abbé Trouillet, celui qui a été, dit-on, chargé de porter au palais impérial de Vienne l'invitation de la ville de Nancy. On prête dans le pays, au vénérable ecclésiastique, le don de faire des miracles, et la construction d'une église magnifique, sans collecte ni souscription, est celui de tous ses prodiges que les Nancéens racontent le plus volontiers.

Les augustes visiteurs étaient attendus par les autorités religieuses, civiles et militaires, dont les discours se sont fait remarquer par une notable analogie de fond, sinon de forme. Il n'en pouvait être autrement. L'empereur d'Autriche s'arrête dans une ville qui fut autrichienne, rien n'est plus facile que de lui dire... mais je préfère vous donner la harangue du baron Buquet, l'excellent maire de Nancy, le magistrat le plus affable que j'aie rencontré dans mes pérégrinations officielles :

« Sire,

« Le corps municipal de Nancy s'empresse de présenter à Votre Majesté ses souhaits de bienvenue. La mémoire du cœur, Sire, est celle qui se perd le moins. Le souvenir des bienfaits répandus par vos ancêtres sur notre pays n'est pas effacé parmi nous. Si nous sommes heureux du présent et fiers d'être Français, nous regardons aussi le passé avec orgueil en lui conservant une pieuse reconnaissance.

« Entrez donc, Sire, dans cette cité fondée par

vos aïeux, vous y trouverez un accueil sympathique, des cœurs affectueux, et vous entendrez des voix amies répéter avec nous : Vive l'empereur d'Autriche ! »

Ab uno disce omnes... Cette allocution est le type d'après lequel toutes les autres ont procédé. Je dois ajouter qu'elle est, en tous ses points, d'une exactitude parfaite, surtout au paragraphe concernant la sympathie des masses.

Depuis la gare jusqu'au palais du Gouvernement, où son logis avait été préparé par les soins de M. le chambellan Tascher de la Pagerie, le souverain étranger a recueilli des acclamations aussi chaleureuses que spontanées. La foule se pressait sur le passage des six voitures attelées à la Daumont, et prouvait par ses vivats aux Autrichiens que, s'ils ont essuyé des revers dans leur lutte avec nous en Italie, ils doivent remporter des victoires durant leur visite en France.

Les appartements réservés à l'empereur et à sa suite occupent l'aile droite du château et ont été meublés par des citoyens de la ville. Je vous laisse à penser s'il y a eu assaut de zèle et de munificence à cette occasion. Des vieux chênes merveilleux et des tapisseries splendides ont été entassés dans les pièces affectées aux logements des princes... Les armes de la maison de Habsbourg apparaissent sur beaucoup de frontons d'armoires en sculptures ténues ou en guirlandes d'or.

Au risque d'attirer sur moi les foudres des ennemis du détail, je veux vous signaler certain meuble intime qui a l'apparence d'un aigle tenant un serpent dans son bec... En prenant la gueule de la couleuvre, la petite armoire s'ouvre. Je veux aussi reprocher au tapissier d'avoir tendu le baldaquin du lit de Sa Majesté avec du reps couleur Solferino. Ce décorateur (sans doute peu au courant de l'histoire moderne) eût pu choisir un ton plus heureux..., mais on était si pressé !...

Après avoir procédé à sa toilette, l'empereur a déjeuné et s'est rendu au musée lorrain, dont les galeries sont contiguës à sa résidence. Le grave troupeau des archéologues, — M. Lepage en tête, — attendait le souverain sur le seuil. Speech, hommage d'albums et de traités antiquo-historiques, examen du butin précieux qui décore les murs de la *Salle des Cerfs,* tout cela a duré un quart-d'heure. Sa Majesté a examiné ces vestiges des âges passés avec un intérêt intelligent et s'est rendue à l'église des Cordeliers, dont les caveaux recèlent dans leurs profondeurs les cendres des princes fondateurs de la maison de Habsbourg.

La cassette impériale de Vienne entretient, comme on sait, ce temple curieux et pourvoit aux frais du culte.

L'abbé Guillaume, appointé par l'empereur d'Autriche, était sur le parvis, en soutane d'apparat, avec l'évêque de Nancy, qui n'a pas manqué cette occasion de rappeler à François-Joseph qu'il allait « se trouver en présence des cendres de ses pères. »

Le français est certainement fort répandu, surtout en Allemagne, cependant je ne garantirais pas que tous les personnages de la suite de Sa Majesté aient compris l'allocution épiscopale. Je ne dis pas cela pour François-Joseph, qui entend et parle notre langue avec facilité et correction.

La phase la plus saisissante de ce pèlerinage fut la descente dans le caveau ducal qui contient les dépouilles des princes et princesses de la maison de Lorraine (au nombre de 76) et les entrailles de Charles le Téméraire, un grand capitaine qu'un petit historien a accusé de n'en point avoir.

L'aspect de la crypte, située au-dessous de la

chapelle ronde, avait quelque chose de lugubrement imposant avec son soleil de cercueils émergeants de l'autel central. De chaque côté des bières, deux cierges de cire jaune dont la lueur douteuse éclairait à peine les caractères gravés sur les plaques d'or clouées aux couvercles des sarcophages... François-Joseph s'est plusieurs fois penché sur ces coffres humides pour en lire les inscriptions rouillées. J'ai cru voir un instant le front impérial qui se plissait sous l'effet d'une pensée douloureuse. L'empereur d'Autriche songeait peut-être alors à son frère Maximilien, qui descendit en 1855 dans cet hypogée où Marie-Antoinette vint pleurer en 1770, où Joseph II entendit la messe en 1777, où Charles X et le dauphin pénétrèrent en 1822, et où Louis-Philippe et les ducs d'Orléans et de Nemours passèrent une demi-heure en 1831...

De l'église des Cordeliers, Sa Majesté et Leurs Altesses Impériales se dirigèrent sur Notre-Dame-de-Bon-Secours, une chapelle riante en dépit de ses tombeaux, de ses statues funéraires et de ses mausolées de marbre noir.

Cette église fut fondée par le bon roi Stanislas, — qui y repose avec sa femme sous des sculptures renommées dans le monde entier pour leur exécution savante.

Un détail. J'ai remarqué à Bon-Secours une vierge dont le front marmoréen est orné, depuis 1865, d'une couronne enrichie de diamants, — offrande de S. S. le pape Pie IX.

Le cortége est rentré en ville et s'est rendu à l'hôtel de la mairie où les réceptions ont commencé.

Le deuil de François-Joseph a empêché la municipalité de se distinguer dans un de ces bals brillants et fastueux dont elle nous a donné le spécimen l'an dernier, lors du voyage de S. M. l'Impératrice Eugénie.

Mais, si la danse est classée parmi les plaisirs défendus aux âmes contristées, il n'en est pas de même de la musique. On nous en a donné beaucoup et de la meilleure, pendant le concert de ce soir. Deux mille invitations avaient été lancées, et les salons peuvent à peine contenir huit cents personnes! On a compté sur la grippe.... cependant on eût pu craindre aussi que la toux ne s'abattît sur le larynx des dames des « chœur de Nancy, » — heureusement il n'en a rien été; — elles ont admirablement chanté une belle composition de

Laurent de Rillé. Les Patti de la Lorraine se sont distinguées et rivalisèrent avec la société chorale de Sainte-Cécile, également en mal de chœur.... Et l'on a osé écrire que les habitants de ce pays n'avaient pas le cœur sur la main.... Avouez qu'ils l'ont dans la bouche....

Mark, un véritable artiste dramatique qui dirige le théâtre de Nancy, a déclamé des vers d'Hugo, et le flutiste Gérold — un Tulou-maëstro — a exécuté les variations les plus abracadabrantes sur l'air national autrichien.

Ensuite on a été demander au sommeil un repos légitimement gagné, après cette avalanche de mélodies!

L'Hôtel-de-Ville était illuminé... Parbleu!

L'Empereur est parti le lendemain matin à six heures et demie (Sa Majesté est matinale), et nous sommes arrivés à Paris à l'heure exacte qui avait été fixée.

L'Empereur Napoléon était à la gare de Strasbourg pour y recevoir les augustes visiteurs.

Le cortége s'est rendu ensuite, avec l'appareil et le cérémonial mis en usage lors du voyage de l'empereur de Russie, à l'Élysée où l'Impératrice et la maison de Leurs Majestés françaises ont reçu Sa Majesté autrichienne.

ARRIVÉE DE L'EMPEREUR D'AUTRICHE

A PARIS.

XVI

ARRIVEE DE L'EMPEREUR D'AUTRICHE

A PARIS.

(24 *octobre.*)

Le train impérial a quitté Nancy hier à six heures et demie du matin. Son départ de la gare a été salué par des acclamations répétées, et François-Joseph, penché à la portière de son salon, n'avait pas l'air trop mécontent de l'accueil qu'il avait reçu dans l'ancienne capitale de ses ancêtres.

De tous les personnages qui composaient le convoi, l'empereur était celui qui avait l'air le plus frais et le plus dispos. Presque tous les autres — le prince de Metternich notamment — accusaient par une légère bouffissure du visage qu'ils auraient dormi volontiers deux heures encore.

La route s'est effectuée avec une lenteur relative, si l'on songe que nous avons mis neuf heures pour parcourir un total kilométrique assez mince. Des ordres avaient été donnés, et puis il faut tenir compte des arrêts.

A chaque station, le souverain descendait sur le quai et se dégourdissait les jambes par une petite promenade. François-Joseph était en bourgeois. Il m'a été conté, par un des officiers attachés à sa suite, que l'empereur d'Autriche avait endossé la tenue civile POUR LA PREMIÈRE FOIS, à Nancy, au concert qui lui a été offert hier soir. Si je ne tenais point ce fait d'une bouche absolument digne de foi, je ne le publierais pas, car il semble peu croyable. Mais il paraît que jusqu'ici François-Joseph n'a jamais revêtu que des fracs militaires.

A Epernay, grand déjeuner et grande confusion : trois tables de cinquante couverts avaient été réservées à Sa Majesté, aux archiducs et à leur suite.

Comme les voitures impériales avaient pénétré dans la gare en même temps qu'un autre train express se dirigeant sur Strasbourg, le buffet débordait de curieux et d'affamés, et je pourrais citer tel commis-voyageur qui a ingurgité sans façon des « articles » du menu composé pour le Prince et les Altesses.

D'Epernay à Meaux, pas d'incidents.

A Meaux, l'empereur a quitté son paletot noir et a revêtu le brillant costume avec lequel il a fait son entrée à Paris. Pantalon amaranthe à bandes d'or, chapeau à plumes rouges, frac de casimir blanc à boutons d'argent et coupé transversalement par le grand cordon de la Légion d'honneur.

Telle est la tenue dans laquelle S. M. passa la revue des guides rangés sur les quais de chaque côté de la voie. Le chef d'orchestre, M. Cressonois, était là avec son excellente musique, et tandis que le régiment du prince Joachim Murat charmait nos yeux par ses plumets et ses passementeries, les « artistes » qui composaient l'orchestre de M. Cressonois charmaient nos oreilles.

Le train impérial entrait en gare à Paris à trois heures précises.

Dès une heure de l'après-midi, le boulevard de Strasbourg et les abords de la gare avaient été encombrés par une foule immense. Un lourd chariot ayant traversé le boulevard et s'étant arrêté devant une masse de curieux, une nuée de gamins est aussitôt grimpée le long des montants, et le véhicule s'est changé en tribune.

Nous avons été surpris de la pauvreté de la décoration de la façade. Nous eussions aimé y voir quelque draperie indiquant la porte d'honneur, et, sans un tapis qu'on avait posé, comme à regret, sur les marches du pavillon-ouest, on n'aurait pu deviner par où le cortége devait sortir.

Sous le vestibule, on avait disposé des deux côtés du tapis quelques gradins en sapin sur lesquels on avait placé des banquettes d'un luxe modéré. On voyait même sur le cuir qui les recouvrait la trace des pieds crottés, traces qu'ont dû essuyer des basques illustres.

Par le couloir des salles d'attente, on arrivait au *salon d'honneur*. Cette pièce était simplement une travée de première classe. On n'avait pas même établi de cloison provisoire. Un peu de velours rouge était tendu sur les séparations à hauteur d'homme. Sur le poêle, enveloppé de velours, était placé le buste de l'empereur des Français. En face, sur une sorte de piédestal, aurait dû être déposé celui de l'empereur d'Autriche que le sculpteur n'a pu livrer à temps. Six trophées de drapeaux complétaient ce modeste apparat.

Dans la gare, aucune décoration. Un tapis au mètre indiquait seulement l'endroit où les Souverains devaient poser les pieds.

Le 8e bataillon de chasseurs à pied formait la haie, à l'intérieur. En attendant l'arrivée du train, le maréchal Canrobert a passé les soldats en revue.

Parmi les personnages qui attendaient l'empereur sur le quai de la gare, on remarquait le comte Zichy, dans son magnifique costume hongrois, qui a produit tant d'effet à la cérémonie de la distribution des récompenses de l'Exposition universelle; le baron de Revay, comte suprême hongrois; le comte de Pergen, un des plus aimables fonctionnaires de l'ambassade d'Autriche; le docteur Zelinka, bourgmestre de Vienne; le comte d'Aponyi, ambassadeur d'Autriche à Londres; le chevalier de Friedland. Puis, du fond de la gare est arrivé M. de Rothschild, en grand costume de consul général d'Autriche — s'appuyant sur sa fameuse canne et sur le bras du chevalier Schwartz, conseiller aulique.

Le train impérial ayant été signalé, aussitôt l'Empereur Napoléon III a quitté le salon d'honneur, suivi de madame la princesse de Metternich, en robe de satin vert, avec châle de dentelle noire, et du prince Napoléon. Puis venaient les ministres, les maréchaux, tous en grand uniforme.

A trois heures, le train entrait en gare, conduit par M. Maupetit, inspecteur principal de l'exploitation.

Aussitôt la musique du 24e de ligne a exécuté, sous la direction de son chef, M. Dias, l'hymne national autrichien de Haydn, avec une telle perfection que les sujets de Sa Majesté Apostolique en étaient émus et charmés... les plus patriotes en versaient des larmes.

L'Empereur Napoléon s'est avancé, et la main de François-Joseph a saisi la sienne avec une effusion et une émotion bien visibles. Notre Souverain s'est informé de la santé de son Hôte, et lui a demandé s'il avait supporté sans ennui les fatigues du voyage. Il lui a ensuite présenté isolément tous les hommes d'État qui composent le cabinet des Tuileries.

François-Joseph a eu pour chacun un sourire et un salut, mais je ne l'ai vu tendre la main et adresser des paroles affables qu'au général Fleury, pour lequel il professe une amitié et une estime particulières.

L'empereur d'Autriche a présenté à l'Empereur des Français les deux archiducs, ses frères, vêtus du même uniforme que le sien et portant comme lui le grand cordon de la Légion d'honneur.

A ce moment, Majestés, Altesses et Excellences, se sont dirigés vers le perron, où attendaient les voitures de gala.

Le cortége était composé de huit voitures attelées chacune de deux chevaux, d'un peloton de l'escadron des cent-gardes commandé par un lieutenant, sous les ordres du colonel chef de l'escadron des cent-gardes, d'un escadron du régiment des carabiniers de la garde impériale, sous les ordres d'un chef d'escadron.

Il s'est mis en marche dans l'ordre suivant :

Deux pelotons de carabiniers,

Quatre garçons d'attelage à cheval,

Un piqueur à cheval,

La voiture impériale dans laquelle sont montés S. M. l'empereur François-Joseph et S. M. l'Empereur.

A la portière de droite se tenait le colonel commandant de l'escadron des cent-gardes ; à la portière de gauche, le chef d'escadron commandant l'escorte des carabiniers.

Derrière la voiture, le peloton des cent-gardes.

Dans la seconde voiture ont pris place :

LL. AA. II. les archiducs Charles-Louis et Louis-Victor, S. A. I. Monseigneur le prince Napoléon et S. A. Monseigneur le prince Joachim Murat.

La troisième voiture contenait S. Exc. le comte de Bellegarde, aide de camp général de l'empereur d'Autriche ; S. Exc. le prince de la Moskowa, S. Exc. le baron de Beust et S. Exc. le comte Andrassy ;

La quatrième voiture : S. Exc. le prince de Metternich-Winneburg, S. Exc. le baron de Hornstein, grand-maître de la cour d'Autriche ;

S. Exc. le duc de Gramont et S. Exc. le général Fleury;

La cinquième voiture : le conseiller d'État chevalier de Brann, le colonel chevalier de Beck, le général Castelnau et le comte de Reyneval;

La sixième voiture : le colonel comte Szapary, aide de camp de l'empereur d'Autriche; le lieutenant-colonel prince Liechtenstein, le major baron de Fejervary, aide de camp de l'empereur d'Autriche, M. Davillier, et le comte Regnaud de Saint-Jean-d'Angély;

La septième voiture : le major prince Paar, aide de camp de l'empereur; le capitaine d'état-major comte Uxhüll, le capitaine comte César Walzel et le capitaine de Crény;

La huitième : le lieutenant baron de Kotz, le conseiller aulique baron de Genôtte, le capitaine vicomte de Lauriston et le capitaine de Lasalle.

La marche était fermée par deux pelotons de carabiniers de la garde impériale.

A cette nomenclature officielle, ajoutons un détail :

Derrière les splendides équipages partis des écuries et des remises de la cour Coulaincourt, avançait le carrosse de madame la princesse de

Metternich. J'ignore le nom de l'homme auquel la spirituelle et gracieuse ambassadrice confie le soin de ses attelages, mais cela ne nous empêche pas de lui adresser tous nos compliments.

— Est-ce assez *lampé* cette brouette-là, s'est écrié un titi rangé devant la haie, au coin du boulevard de Strasbourg.

Le cortége a suivi le boulevard de Strasbourg, toute la ligne des boulevards jusqu'à l'église de la Madeleine, la rue Royale, la place de la Concorde, l'avenue des Champs-Élysées, l'avenue de Marigny, et est entré au palais de l'Élysée par la grille d'honneur donnant sur la rue du Faubourg-Saint-Honoré.

Les deux régiments de dragons en garnison à Paris, avec leurs étendards, sous les ordres du général commandant la brigade de cavalerie, étaient établis en colonnes par escadrons sur la place de la Concorde, faisant face aux Champs-Élysées. Dans l'avenue des Champs-Élysées, la haie était formée à droite et à gauche par des régiments de voltigeurs de la garde impériale.

Cette double haie se prolongeait dans l'avenue de Marigny et dans la rue du Faubourg-Saint-

Honoré, jusqu'à la porte d'entrée du palais de l'Élysée.

Sur le passage du cortége, les troupes ont présenté les armes et les tambours ont battu aux champs.

Des pelotons à pied de l'escadron des cent-gardes étaient placés sur le haut du perron de la cour d'honneur du palais de l'Élysée, à droite et à gauche, en dehors du vestibule.

D'autres cent-gardes bordaient la haie dans le vestibule, avec sentinelles à la porte de la salle des huissiers.

S. M. l'Impératrice, suivie de S. A. Monseigneur le Prince Impérial, s'est rendue au-devant de LL. MM. l'empereur d'Autriche et l'Empereur et des archiducs, jusqu'au pied du perron, à la descente de leurs voitures.

Sa Majesté était accompagnée de LL. AA. II. Madame la princesse Marie-Clotilde Napoléon et Madame la princesse Mathilde;

De LL. AA. Monseigneur le prince et Madame la princesse Lucien Murat, de S. A. Monseigneur le prince Lucien-Napoléon Bonaparte, de S. A. Madame la princesse Joachim Murat, de LL. AA.

Monseigneur le prince et Madame la princesse Napoléon-Charles Bonaparte;

Et précédée des grands officiers de la Couronne, du commandant en chef de la garde impériale, du gouverneur du Prince Impérial, de la grande Maîtresse de la Maison de l'Impératrice et de la gouvernante des Enfants de France, de l'adjudant général du Palais et des officiers et dames de service des Maisons de LL. MM. l'Empereur et l'Impératrice.

Leurs Majestés et les Princes et Princesses se sont rendus dans le salon d'honneur.

S. M. l'empereur François-Joseph a présenté à l'Impératrice et à l'Empereur les personnes de sa suite;

L'Impératrice a présenté à l'Empereur les Dames de sa Maison, puis l'Empereur a présenté à Sa Majesté Impériale et Royale Apostolique et aux archiducs, les grands officiers de la Couronne et les officiers des Maisons impériales.

Après ces présentations, l'Empereur et l'Impératrice sont retournés au palais de Saint-Cloud, où l'empereur d'Autriche, les archiducs et leur suite se sont rendus à cinq heures.

A six heures, Sa Majesté et Leurs Altesses

étaient rentrées à l'Élysée, où elles ont trouvé des appartements entièrement remis à neuf.

Loin de nous la pensée de critiquer les mœurs et les usages des nobles étrangers qui ont honoré notre capitale de leur visite, mais il paraît que la suite du sultan, logée au palais de la rue Saint-Honoré, a abusé de la pipe et surtout de la cendre de pipe... qui, répandue sur les tapis et transportée en nuages contre les murs et dans les tentures, leur a enlevé leur fraîcheur et leur riche apparence...

Le mobilier de la couronne, qui sait faire les choses, a remplacé tout cela, et loin de se lamenter en des considérations mesquines, est prêt encore à sacrifier moquettes et draperies en l'honneur des pachas qui daigneront nécessiter de nouveau les soins de son personnel et l'intervention de ses artistes... si toutefois la décoration est un art.

L'empereur d'Autriche a été le soir de son arrivée à l'Opéra et a paru prendre plaisir aux entrechats de mademoiselle Granzow.

Cependant, les forces de Sa Majesté l'ont trahie durant le dernier entr'acte — chose bien naturelle après les fatigues incessantes et les interminables salutations de la journée. Aussi François-Joseph s'est retiré — se proposant de contempler une autre fois le fameux navire du *Corsaire*.

Sa Majesté l'empereur d'Autriche était accompagnée comme il suit :

Cabinet de Sa Majesté :

Conseiller d'État, chevalier Brann;

Conseiller aulique, baron de Genôtte;

Conseiller du gouvernement, chevalier de Paehner;

Employés de la Cour :

Secrétaire : chevalier de Raymond;

Trésorier aulique : Mayer, chargé de la comptabilité du voyage;

Docteur Bielka, médecin de la cour;

Un inspecteur des cuisines;

Un maître d'hôtel;

Un huissier.

Puis :

S. Exc. le baron de Beust, chancelier de l'Empire;

Le comte Andrassy, Président du conseil des ministres hongrois;

Chancellerie militaire de Sa Majesté :

Colonel chevalier de Beck.

MM. Falkner et Tesarz, employés.

Le chevalier de Keisler, dirigeant le train impérial.

LES FÊTES OFFERTES

A SA MAJESTÉ FRANÇOIS-JOSEPH Ier

XVII

LES FÊTES OFFERTES

A SA MAJESTE FRANÇOIS-JOSEPH Ier

Charles-François-Joseph Ier, empereur d'Autriche depuis le 2 décembre 1848, époque à laquelle succéda à son oncle Ferdinand Ier, par suite de la renonciation de son père l'archiduc François-

Charles-Joseph, a épousé, en 1854, la princesse Elisabeth de Bavière, sœur de Marie-Amélie, épouse de François II.

Il a eu deux enfants, le prince Rodolphe, aujourd'hui âgé de neuf ans, et la princesse Gisèle, âgée de onze ans.

L'empereur François-Joseph est très-bel homme; il est de haute taille, et porte une exquise distinction en même temps qu'un air très-affable.

Le *Figaro* a, dans les termes suivants, rendu un compte très-exact et très-intéressant du bal qui lui fut offert à l'ambassade d'Autriche.

Mardi soir, 29 octobre, a eu lieu, à l'ambassade d'Autriche, le grand bal donné par LL. EE. M. le prince et madame la princesse de Metternich, à l'occasion de l'Exposition.

La salle de bal est construite au rez-de-chaussée, de plain-pied avec les grands appartements de l'hôtel. De vastes glaces laissent apercevoir de tous côtés le magnifique jardin, éclairé par la lumière électrique blanche et rouge, donnant aux arbres un aspect fantastique. Les percées sont closes par des massifs de fleurs, enveloppant la base de statues embrasées par des feux de Bengale.

A travers la glace du fond apparaissent un

groupe de rochers et une grotte mystérieuse. A un signal donné, l'eau tombe en cascade devant cette grotte, et soudain elle se colore et semble un torrent de lave en fusion.

Cette féerie du dehors fait pâlir par instants la merveilleuse illumination du dedans. Les lustres et les girandoles de ce salon improvisé sont d'immenses corbeilles de fleurs entourées de bougies dont la flamme se reflète dans les chaînes et les prismes de cristal. A droite, un massif des plantes les plus rares dissimule l'orchestre, conduit par Johann Strauss. Tous les salons du rez-de-chaussée sont brillamment éclairés, et partout les fleurs de nos climats et les plantes exotiques ont été apportées pour enrichir encore la magnifique décoration de l'hôtel.

Le bal a été ouvert par l'Empereur avec S. M. la reine des Belges, et le prince royal de Prusse avec S. M. l'Impératrice. Le roi des belges dansait avec S. A. la princesse Mathilde, et le prince de Leuchtemberg avec S. A. la princesse de Metternich.

Après le premier quadrille on a joué le *Papillon de nuit*, valse de Johann Strauss, qui a entraîné tous les assistants. Mais les effets de lumière, et la féerique décoration de la salle de danse y attiraient une telle foule que, jusqu'au cotillon, il ne restait que peu de places aux nobles danseurs.

Le cotillon a été conduit par le comte de Deym et le comte de Pergen, secrétaires de l'ambassade. Commencé avant quatre heures, il ne s'est terminé qu'après cinq heures et demie.

Il a obtenu le plus grand succès. Parmi les accessoires qui ont le mieux réussi, nous citerons un éventail communicatif distribué à toutes les dames. Cet éventail est en bois gris, et de fabrication viennoise. Des fleurs de vergiss-mein-nicht, très-joliment peintes, forment l'inscription : Ambassade d'Autriche, 29 octobre 1867.

Au moment où le cotillon s'est terminé, il y a eû un singulier effet d'éclairage. Instantanément la lumière électrique la plus intense a été remplacée par celle du soleil levant.

Le souper a été servi vers une heure. L'Empereur, l'Impératrice, le roi et la reine des Belges, le prince Alfred, le prince et la princesse de Prusse, le prince de Saxe-Weimar, la grande-duchesse Marie de Russie, le duc de Leuchtemberg et la duchesse Eugénie, le prince et la princesse Murat, et tous les ambassadeurs et les ambassadrices sont montés au premier étage, à travers deux murailles de plantes exotiques. Deux salons leur étaient réservés dans les appartements particuliers du prince de Metternich. Une table était présidée par S. M. l'Empereur, l'autre par S. M. l'Impératrice.

Les autres invités ont soupé soit debout dans un des salons du rez-de-chaussée, soit assis dans deux vastes tentes contenant chacune dix tables de dix couverts. L'une de ces tentes, de forme circulaire, avec ses tables rangées en cercle, était du plus merveilleux effet.

L'Europe entière avait là ses représentants les plus célèbres et ses beautés les plus distinguées. Le corps diplomatique y était au grand complet. Tous les ministres et leurs femmes assistaient également à ce bal. On remarquait, parmi les dames les plus fêtées, outre la maîtresse de la maison, mesdames de Pourtalès, de Mouchy, de Courval, Poniatowska, de Galliffet ; deux beautés américaines, mesdames Ronalds et Moulton ; madame de Hastfeld, ambassadrice de Prusse à la Haye, etc., etc.

L'Exposition universelle était représentée notamment par M. Le Play, commissaire général, par tous les commissaires étrangers et tous les présidents de groupes.

M. et madame de Metternich ont fait les honneurs de cette fête avec leur grâce accoutumée. C'est tout particulièrement à la princesse que l'on doit l'ordonnancement des moindres apprêts. Dans tous les détails, on sentait la main d'une femme d'esprit et de goût. La princesse avait, du reste, appelé à son aide le magicien par excellence, M. Alphand, directeur des promenades de Paris, qui, en quelques jours, a transformé l'hôtel de l'ambassade en un palais des mille et une nuits. M. Alphand a demandé à la flore de toutes les régions les éléments d'une décoration réellement indescriptible, et a été secondé dans cette difficile entreprise par un ingénieur dont le nom nous échappe, et par l'infatigable jardinier de la ville, M. Barillet.

Cette fête rappelle, quant aux dispositions prises, le bal donné, le 1er juillet 1810, par le prince de Schwarzemberg, ambassadeur d'Autriche, à Napoléon Ier. C'était à l'hôtel de Montesson, rue de Provence. On dansait aussi dans une salle construite sur les jardins. Le plan était le même, et les fleurs formaient le principal décor. Un incendie, qui fit de nombreuses victimes, termina la fête ! Mais aujourd'hui rien de pareil n'est plus à craindre, car le progrès a fourni à nos enchanteurs des sécurités alors inconnues.

L'empereur François-Joseph a été accueilli en France d'une façon très-sympathique.

Un poëte, que j'ai déjà nommé dans le cours de ce livre, lui a adressé les vers suivants :

A SA MAJESTÉ FRANÇOIS JOSEPH Ier

EMPEREUR D'AUTRICHE.

C'est à toi que nos chants s'adressent,
Toi, l'exemple des Empereurs,
C'est pour ton front que nos doigts tressent
De fraîches guirlandes de fleurs.
Le peuple accourt à ta rencontre
Sans que rien puisse l'arrêter,
Et son empressement te montre
Qu'il est heureux de te fêter.

Il n'est point de monarque illustre
Dont l'esprit se montre plus droit.
Ta justice a toujours son lustre
Et tout le monde en elle croit.
Aussi le sourire rayonne
Sans cesse où tu viens de passer ;
Les preuves d'amour qu'on te donne,
Le temps ne peut les effacer.

Autour de ton trône que garde
Le pays, des périls vainqueur,
Sous l'œil de Dieu qui te regarde,
Epanouis ton noble cœur.

A tes lauriers, purs de mensonge,
Qu'il pousse encore de nouveaux jets,
Et que ton règne se prolonge
Pour le bonheur de tes sujets !

L'orage ténébreux expire
Et se fond dans l'azur des cieux
Un arc-en-ciel sur ton empire
Montre son disque radieux.
A toi nos douces prophéties
Et tous nos souhaits empressés ;
Pour te prouver nos sympathies,
Nous n'en ferons jamais assez !

Le 26 octobre, l'empereur Napoléon a convié son hôte à une chasse dans la forêt de Saint-Germain.

Vous connaissez la forêt de Saint-Germain ?... Imaginez-la toute ensoleillée ; figurez-vous ses châtaigniers au tronc grisâtre, ses chênes séculaires tordant leurs branches presque nues sur un ciel pur ; pensez à ses longues allées aux horizons confus, à ses sentiers poudreux sur lesquels l'automne vient d'étendre un tapis de feuilles mortes ; jetez au travers de ses grands chemins un char-à-banc, attelé de six chevaux au collier bruyant, et vous aurez une idée du début de cette journée de chasse...

Les deux empereurs s'étaient donné rendez-vous au pont de Neuilly à neuf heures et demie, et onze heures sonnaient comme Leurs Majestés mettaient pied à terre au tiré de Fromainville, vaste enclos elliptique où, par les soins de la vénerie, près de 4,000 pièces de gibier avaient été enfermées en manière de réserve. Les augustes chasseurs ainsi que les princes et les hauts fonctionnaires invités à les accompagner, avaient presque tous revêtu des costumes de velours, enserré leurs mollets dans des jambières de cuir et passé dans la ganse de leurs chapeaux des plumes de faisan qui donnaient aux coiffures un aspect très-pittoresque.

Le service de la chasse et de la forêt, représenté par une légion de gardes en grand uniforme et par une nuée de rabatteurs, récoltés moitié dans le régiment de cuirassiers en garnison à Saint-Germain, moitié parmi les campagnards des environs, attendait les chasseurs augustes à l'entrée principale du tiré.

A un signal de M. le grand veneur, chacun courut à son poste. Les rabatteurs se rangèrent en front de bataille, et souverains, altesses, princes, ducs et généraux s'engagèrent dans les LAYONS, —

sorte de sentiers appelés aussi *routins,* — lesquels figurent par leur tracé une série d'ellipses concentriques à celle qui limite le périmètre de l'enclos.

De chaque côté des layons on a disposé des futaies avec feuilles, et l'on a ensemencé des champs de betteraves, de topinambours et de luzerne. Ce sont les remises ménagées au gibier. Les taillis ou les plantations foulés par les rabatteurs frappant les branches à coup de bâton, sont abandonnés par les bipèdes et les quadrupèdes qui s'y sont réfugiés et qui, s'envolant ou fuyant effarés au travers des routes, reçoivent le coup fatal du chasseur qui avance, le fusil en arrêt.

Derrière chaque invité marche la personne chargée de lui passer les fusils : puis viennent les chargeurs, le marqueur et le voiturier, avec sa carriole, dans laquelle s'amoncèlent les victimes de la journée.

L'empereur Napoléon avait ordonné que son routin — plus large que les autres d'un mètre — fût mis à la disposition de l'empereur François-Joseph, et c'est dans ce sentier que je m'engageai avec l'espoir d'y récolter — mieux que dans tous les autres — des détails propres à intéresser nos lecteurs.

J'ai été frappé tout d'abord du costume des chargeurs de Sa Majesté Autrichienne. Ces messieurs ont fort bon air sous leur tunique de drap noir dont le collet de velours est brodé de feuilles de chêne en argent. Ils portent de hautes bottes dans la tige desquelles s'engagent des culottes de drap noir, et leur tête est coiffée d'un képi allemand, orné d'une ganse métallique et d'une aigrette en plumes d'oiseau de proie. A leur côté gauche pend un couteau de chasse dont la poignée est finement ciselée, ainsi qu'une cartouchière bien garnie. L'empereur d'Autriche n'emploie que des fusils à baguette. Notre souverain s'était jusqu'ici servi également de cette arme d'ancien système ; mais dans cette chasse il a usé, pour la première fois, des carabines se chargeant par la culasse avec des cartouches à percussion centrale. Cette transformation est l'œuvre de M. Gatine, armurier de Sa Majesté.

Sur le point de reconnaître l'étonnante adresse du prince qui est notre hôte, je me sens envahi par une appréhension facile à comprendre. On ne manquera pas de voir dans la scrupuleuse affirmation d'un fait tout naturel un acte de courtisanerie ou l'effet d'une galanterie d'amphytrion.

Cependant les quatre cent vingt-deux pièces

qui sont tombées devant moi, sous le plomb de l'empereur d'Autriche, me semblent suffisantes pour m'éviter toute accusation de flatterie. J'ai relevé ce chiffre sur la carte du marqueur — homme spécialement investi du soin de noter la quantité et l'espèce des animaux abattus.

François-Joseph est grand chasseur, bon marcheur. Je tiens d'un de ses grands veneurs qu'il s'en va parfois seul dans les montagnes de Styrie dont il escalade les sommets à pied, sans autre escorte que ses chargeurs. Il y poursuit le chamois et la bête fauve. Du reste, la justesse de son tir indique une longue expérience des délassements cynégétiques, ainsi que le maniement incessant des armes à feu.

Les fusils du prince — dix armes excellentes apportées par lui de Vienne — étaient chargés avec de la poudre et des amorces autrichiennes.

L'empereur Napoléon était accompagné, dans son layon, par le baron Delaage, qui lui présentait les fusils, ainsi que par l'inspecteur général de la forêt. Je passe sous silence les chargeurs, les gardes, les piqueurs, etc.

Au déjeuner, qui a eu lieu à midi, sous un hangar rustique, Sa Majesté a voulu que son hôte occupât la place d'honneur, et les augustes personnages ont pris place dans l'ordre suivant, de chaque côté de l'impérial invité.

A droite : notre empereur, le prince de Metternich, le comte Andrassy, le prince de Liechtenstein, le prince de la Moskowa ; et à gauche, le duc de Leuchtenberg, le général de Bellegarde, le duc de Gramont et le général Fleury.

Rien n'est plus curieux que les apprêts de ce déjeuner dont le soin exclusif est réservé à la *Pourvoyeuse.*

La pourvoyeuse est une immense voiture qui contient dans ses flancs maîtres d'hôtel, valets de pied, cuisiniers et victuailles.

Sitôt rendus au point désigné, les gens du service de la bouche allument d'énormes feux sur lesquels rissolent et mijotent immédiatement côtelettes, omelettes et pommes de terre. Des viandes froides, du foie gras, des volailles rôties, du fromage, des fruits, des gâteaux et du café complètent le menu de ces déjeuners en plein vent. Il va sans dire que tous ces mets sont arrosés de vins et de liqueurs de premier choix.

Néro — le chien de l'empereur des Français — rôde autour de la table impériale ou bien près du couvert dressé pour les fonctionnaires forestiers... Son collier, du cuir le plus vulgaire, est orné d'une simple plaque sur laquelle les deux mots : AUX TUILERIES ont été gravés en grandes capitales. Rien d'autre, ni nom, ni « qualité. »

Néro est, du reste, le meilleur fils du monde. Jamais on ne caressa un quadrupède plus affable et plus adroit. Il rapporte à ravir... Aussi, quand une pièce est démontée, le piqueur qui le tient en laisse lui donne la liberté ; Néro n'est point long à l'aller quérir et à la rapporter triomphalement à son maître qui lui prodigue des compliments.

Un incident (sous la forme d'un maire portant un panier) est venu apporter du renfort aux corbeilles contenant le dessert. Le premier magistrat de Conflans est apparu tout à coup tenant entre ses bras une énorme manne d'osier, pleine de chasselas qu'il a offert à Leurs Majestés.

Le déjeuner se termine ordinairement par une distribution générale de cigares, que les hommes de la vénerie mettent de côté dans un coin de leur carnassière pour les humer à leur aise le prochain dimanche.

La chasse a recommencé vers une heure de l'après-midi, par un temps magnifique. Les mêmes dispositions ont été prises, et la troupe s'est avancée en bon ordre.

M. Gatine fils présentait le fusil à l'empereur d'Autriche, et, lorsque le gibier pourchassé fuyait, il criait au souverain, suivant l'usage consacré : *Un lièvre à l'empereur ! un lapin à Sa Majesté!* ou bien : *Un coq à votre gauche, sire! une poule à votre droite !* Le coup partait aussitôt, et la bête tombait morte, bien qu'elle fût tirée souvent à des distances hors de la portée normale.

On entendait alors la voix des gardes marchant derrière, qui disaient tout haut, suivant que l'animal avait été tué sur le coup ou démonté : *La bête est morte*, ou bien : *elle en a*, c'est-à-dire : *elle a du plomb dans le corps.*

Vers quatre heures la battue était terminée. L'on s'est dirigé alors vers un petit pavillon où les rafraîchissements attendaient les Nemrods... Quatre heures de marche au sein des nuages de poudre brûlée et sous les regards d'un soleil caniculaire avaient altéré les gosiers, et tandis qu'on buvait, les hommes rangeaient sur une pelouse demi-circulaire toutes les dépouilles opimes de l'expédition.

1,760 victimes furent couchées sur le gazon, et

après les avoir contemplées quelques instants, les augustes personnages et les invités prirent place dans le char-à-banc de poste qui se dirigea sur Paris, précédé de deux piqueurs et suivi de deux postillons.

Que deviendra tout ce gibier ? Je vais vous le dire. Les plus belles pièces seront distribuées aux personnes qui ont été conviées à ce massacre et à celles qui en ont suivi toutes les phases. Le reste sera envoyé aux hôpitaux et aux mess des régiments de la garde.

Voilà, je crois, le croquis fidèle de cette journée, qui s'est écoulée heureuse, émouvante et gaie, grâce à la savante organisation et à l'habile administration des chasses impériales, dont la dictature a été confiée au général prince de la Moskowa.

Quoi qu'il en soit, à la suite des fatigues provoquées par cette longue et belle promenade, au milieu des saines effluves qui émanent de la forêt, on se prend d'une vénération spéciale pour saint Hubert, et l'on se sent un appétit capable de dévorer toute la venaison du globe, avec ou sans truffes.

La vue du chevreuil provoque généralement le

cri de : *Tayau !* Il arrive parfois que le chevreuil — dans son effarement — court sur les rabatteurs dont il force la ligne, au lieu de fuir dans la direction opposée aux chasseurs... C'est par un de ces ruminants qu'un gendarme eut une fois la mâchoire fracassée à Saint-Germain.

De temps en temps on aperçoit des poteaux, en haut desquels sont cloués des piéges destinés à saisir les oiseaux de proie qui viennent faire le guet sur la pointe de ces mâts, pour fondre sur les perdrix qu'ils aperçoivent sur le sol. C'est pourquoi nous avons rencontré, pris par les pattes, quelques émouchets dont l'œil a semblé nous dire : « Notre sort n'est pas logique, car enfin nous chassons comme vous, et avec des engins moins sûrs. »

Deux aigles ont été capturés par ces traquenards dans ce même tiré de Fromainville.

J'ai pu me convaincre que je ne m'étais pas trop avancé en représentant François-Joseph comme un prince très-courtois et très-doux. Durant les cinq heures que j'ai passées à marcher sur sa trace, je l'ai entendu parler au comte Regnault de Saint-Jean d'Angely (l'écuyer détaché auprès de lui par l'empereur des Français) avec une gaieté et une simplicité pleines de franchise et de bonhomie, et lorsque le monarque s'adressait à ses chargeurs, il leur parlait avec une bonté presque paternelle, même lorsque son fusil avait *raté* sur des pièces superbes et d'un tir facile !... Quel chasseur dans ces occasions peut réprimer un mouvement de dépit ?... L'empereur d'Autriche se contentait de rire en disant :

— Ce sera pour tout à l'heure.

S. M. a également souri en s'entretenant de son épaule qui, heurtée et meurtrie par le recul que cinq cents coups de feu ont imprimé à la crosse de ses armes, « passera ces jours-ci par les tons les plus variés. »

Voici le chiffre exact des pièces qui ont été tuées dans une seconde chasse à Compiègne, dans les tirés du Buissonet et du Berne, par les deux empereurs. Le nombre en est considérable. 2,400 bêtes gisent sur le sol.

François-Joseph en a tué, pour sa part, 600 ;
Napoléon, 402 ;
Le prince de Metternich, 368
Le comte de Karolyi, 172 ,
Le comte de Harrach, 125 ;
Le comte Andrassy, 161 ;
Le comte de Konigregg, 159

Le comte de Bellegarde, 249 ;

Le général Fleury, 161 ;

Total 2,397 pièces, comme on le verra ci-après:

	CHEVREUILS.	LIÈVRES.	LAPINS.	FAISANS.	PERDRIX.	BÉCASSES.	TOTAL.
L'Empereur d'Autriche.	14	24	165	369	28	»	600
L'Empereur des Français	10	18	172	128	74	»	402
Le prince de Metternich.	3	13	140	204	6	2	368
Le comte de Karolyi....	6	5	30	126	5	»	172
Le comte de Harrach....	4	7	45	66	3	»	125
Le comte Andrassy.....	4	7	55	91	4	»	161
Le comte de Bellegarde.	10	11	70	127	31	»	249
Le comte de Konigregg.	5	11	65	73	5	»	159
Le général Fleury......	13	20	49	68	7	4	161
Totaux.......	69	116	791	1.252	163	6	2.397

Pendant que les empereurs chassaient dans le Berne, une autre chasse à tir avait lieu à Royal-Lieu. Les tireurs étaient le prince de la Moskowa, M. Piétri, M. le comte Davilliers, le prince de Liechtenstein, le duc de Gramont, le comte de Paar, le baron de Fejervary, M. le capitaine de Küll, M. le baron Morio de l'Isle et M. le capitaine de Crény.

Il a été tué, dans cette chasse, 1,442 pièces, comme on le verra dans le tableau suivant :

	CHEVREUILS.	LIÈVRES.	LAPINS.	FAISANS.	PERDRIX.	BÉCASSES.	TOTAL.
Le prince de la Moskowa	»	»	106	58	2	»	166
M. Piétri	1	2	58	47	1	2	111
M. le comte Davilliers	1	»	65	76	»	»	142
Le prce de Liechtenstein	1	1	95	90	1	»	188
Le duc de Gramont	1	2	80	108	6	»	197
Le comte de Paar	»	1	66	48	»	»	115
Le baron de Fejervary	»	»	29	56	»	»	85
Le capitaine de Küll	1	1	52	61	2	»	117
Le baron Morio de l'Isle	2	7	83	100	3	1	196
M. de Crény	»	»	41	83	»	1	125
Totaux	7	14	675	727	15	4	1.442

Deux tirés (celui du Buissonet et celui du Royal-Lieu) avaient été livrés aux invités de l'empereur des Français. Aussi les cartons des marqueurs, additionnés le soir, ont donné un chiffre de 3,839 pièces. On a déjeuné en forêt sous un hangar-abri.

Dans le milieu de l'après-midi, l'Impératrice est arrivée au tiré à cheval, escortée des deux archiducs et de son service d'honneur. Sa Majesté a mis pied à terre et a marché dans le layon de l'empereur des Français jusqu'à la clôture de l'expédition.

C'était chose curieuse de voir la foule qui suivait la chasse en marchant de chaque côté des barrières de l'enclos. A chaque faisan abattu, c'étaient des exclamations et des cris que répercutaient les échos d'alentour.

Un chevreuil — pas bête — avait trouvé moyen d'escalader la palissade et s'était faufilé au milieu des curieux avec le calme d'un animal qui se sent hors de la portée du plomb fatal. Sa démarche cauteleuse et son allure prudente ont provoqué chez un campagnard une réflexion qui indique que l'esprit est décentralisé :

— Tiens, a dit le rustaud, voyez donc ce brocart qui marche à côté de nous ; *c'est un chevreuil de la police.*

Il paraît qu'au tiré de Royal-Lieu un paysan, s'approchant trop près des clôtures, a reçu un grain de plomb dans la lèvre... Il a crié comme un beau diable. Immédiatement l'auteur présumé de ce tout petit accident s'est approché et lui a mis sur sa plaie un double louis. Ce que voyant, le compère s'est écrié en changeant de gamme :

— J'aurais bien voulu recevoir toute la charge !

La chasse s'est terminée par le bouquet, et puis les souverains ont jeté un coup d'œil sur les victimes étalées en ordre sur le sol d'une clairière, et sont rentrés avec leur suite au château.

Avant de se retirer, l'empereur d'Autriche a prié son majordome de donner cinq louis à chacun des sous-officiers de chasseurs de la garde qui avaient été désignés pour tenir ses fusils. Mais ceux-ci ont refusé en faisant cette belle réponse :

— Nous recevons des balles, mais pas d'argent...

Dans la bouche d'un héros, ce mot serait devenu légendaire.

Dès que les équipages impériaux ont disparu, la distribution du gibier aux gardes, aux batteurs et aux soldats a commencé; la joie des troupiers en recevant des mains des piqueurs — qui un lièvre, qui un faisan, qui un lapin — est difficile à décrire.

— Moi, je vas offrir mon *lieuve* à ma connaissance, a dit le sergent Dumanet.

— Moi j'ai un congé le mois prochain, a dit le brigadier Pitou ; je vas garder mon lapin pour le rapporter au pays.

La curée chaude a succédé à ces largesses. On

désigne ainsi l'opération qui consiste à enlever le foie et les entrailles des chevreuils. Le monopole de cette opération est réservé aux paysans qui arrivent avec des gibecières et des couteaux. Les viscères leur sont abandonnés, et le soir il y a régalade dans les cahutes! Un garde m'a affirmé que, préparé par les riverains de l'Aisne, le foie de chevreuil est un manger exquis.

Après avoir assisté à cet éventrement général, j'étais remonté dans mon fiacre. Il n'y a que moi pour tomber sur des fiacres comme ça... La guimbarde, tirée par deux rosses étiques, avançait lentement sur la route de Soissons, et comme le crépuscule commençait à estomper les horizons de cette forêt sans égale au monde, je me plaignis à l'automédon de la paresse de son attelage.

Le cocher qui avait un peu bu :

— Vous avez raison, Monsieur, me dit-il, ce sont des canassons indignes de vous traîner.

Et allongeant un coup de fouet aux haridelles :

— Aïe donc! feignants! s'écria-t-il, *vous n'êtes donc plus des hommes?*

Avant de regagner mon logis, je suis passé par la vénerie où j'ai voulu admirer encore la meute superbe qui avait si bien *travaillé* dans la chasse à courre de la veille.

J'ai recueilli là un détail adorable. Le soir des chasses, on fait l'appel des braves quadrupèdes avant de les enfermer dans leur chambre à coucher. Le chef du chenil a sa liste à la main, il crie les noms, et, chose curieuse ! les caniches répondent.

— Ramoneau ! crie le piqueur.

— Baôôôôô !!! répond le toutou.

— Ravageot !

— Baôôôôô !!!!

— Rustaud !

— Baôôôôô !!!!

On obtient ce résultat à l'aide du moyen suivant :

On crie leurs noms aux nouveaux-venus, et au même moment un valet leur donne un coup de fouet qui provoque leur jappement.

Au bout d'un mois de ce genre d'exercice, le coup de fouet devient superflu et la bête pousse son cri de présence.

La cour est rentrée à Saint-Cloud, le 5 novembre.

La veille au soir, il y avait eu grand dîner au palais. L'empereur d'Autriche est parti à neuf heures pour Strasbourg avec les archiducs, sa suite et son service d'honneur. Tout nous porte à croire que François-Joseph et les illustres personnages qui l'ont accompagné garderont longtemps la mémoire de la réception et de l'hospitalité qu'ils ont reçue en France.

LE BANQUET DES SOUVERAINS

A L'HOTEL-DE-VILLE.

XVIII

LE BANQUET DES SOUVERAINS

A L'HOTEL-DE-VILLE.

(28 *octobre*).

Nous allons donner d'abord les pièces du procès, persuadé que leur lecture sera plus instructive que les descriptions les plus pompeuses. Commençons par la carte d'invitation, elle était ainsi conçue :

« Sa Majesté Impériale, Royale, Apostolique,

« LL. MM. l'Empereur et l'Impératrice des Français,

« S. M. la reine des Pays-Bas,

« S. M. le roi Louis Ier de Bavière ayant daigné accepter un banquet à l'Hôtel-de-Ville,

« Le sénateur préfet de la Seine, au nom du conseil municipal, est autorisé, par Leurs Majestés, à inviter monsieur... etc... »

Voici maintenant la liste des personnages qui ont reçu ce carré de vélin :

Liste des convives :

S. M. l'empereur d'Autriche;

S. M. l'Empereur Napoléon;

S. M. l'Impératrice;

S. M. la reine des Pays-Bas;

S. M. le roi Louis Ier;

S. A. I. l'archiduc Louis-Victor;

S. A. I. l'archiduc Charles-Louis;

S. A. la princesse Christine;

S. A. I. le duc de Leuchtenberg;

S. A. le prince Napoléon-Charles;

S. A. le prince Joachim;

S. A. le prince Lucien-Bonaparte;

S. A. I. la princesse Mathilde ;
S. Exc. la princesse de Metternich ;
S. Exc. la baronne de Budberg ;
Mgr Chigi, nonce du Saint-Père ;
S. Exc. le prince de Metternich ;
S. Exc. le baron de Budberg ;
S. Exc. le comte de Goltz ;
S. Exc. M. Mon ;
S. Exc. Djemil Pacha.

Se groupaient autour de la table impériale :

Les ambassadeurs, la suite de S. M. Impériale et des archiducs, — la suite de S. M. la reine de Hollande, de Son Altesse le duc de Leuchtenberg, de Sa Majesté le roi Louis de Bavière, le personnel de l'ambassade autrichienne, les commissaires autrichiens près l'Exposition universelle, — quelques Autrichiens de distinction présents à Paris, — le personnel de la légation des Pays-Bas, le personnel de la légation de Bavière, — divers membres du Corps diplomatique, — les grands dignitaires des Tuileries, — plusieurs commandants en chef, — la magistrature, le corps municipal, les membres du conseil municipal et la commission départementale, les adjoints, — un grand nombre de Français et étrangers de distinction.

M. Haussmann avait adressé à ses administrés la circulaire suivante :

« Le sénateur préfet de la Seine a l'honneur d'informer MM. les membres du corps municipal qu'ils devront se trouver lundi 28 octobre, à l'Hôtel-de-Ville, à sept heures très-précises, au plus tard, en grand uniforme (pantalon blanc, porte-épée blanc, fourreau noir).

« MM. les maires et adjoints auront leur écharpe.

« Les dames du corps municipal porteront leur insigne.

« On entrera par la cour du préfet et le vestibule de la salle Saint-Jean.

« Après avoir conduit leurs dames à la salle des séances du conseil, transformée en premier salon, où elles seront présentées à Leurs Majestés, MM. les membres du corps municipal voudront bien descendre dans la cour de Marbre, où ils se placeront de la manière suivante :

« A droite de l'entrée, sur deux lignes, MM. les membres du conseil municipal, ayant à leur tête MM. les vice-présidents, MM. les vice-secrétaires et le syndic.

« A gauche de l'entrée, MM. les maires, rangés sur une ligne par ordre de numéros d'arrondissement, et MM. les adjoints sur une seconde ligne, dans le même ordre, derrière leurs maires respectifs.

« Aussitôt que l'approche de Leurs Majestés aura été annoncée, M. le préfet de la Seine, accompagné de M. le secrétaire général et de M. le président du conseil de préfecture ;

« M. le préfet de police, accompagné de son secrétaire-général ;

« M. le président du conseil municipal, accompagné de M. le secrétaire de ce conseil descendront sous la marquise élevée devant la porte Henri IV, pour y recevoir Leurs Majestés.

« Après l'entrée de Leurs Majestés, auxquelles le corps municipal sera présenté collectivement, les membres de ce corps, dirigés par deux secrétaires du préfet, qui seront désignés *ad hoc*, se rendront par les escaliers situés au fond de la cour de Marbre, à droite et à gauche, et par les grands escaliers, dans la salle du banquet, où leurs places leur seront indiquées. La couleur de la carte qui leur aura été remise à leur arrivée fera aisément reconnaître dans quelle partie de la salle se trouve cette place, et, par conséquent, si c'est par l'escalier de droite ou par celui de gauche qu'ils doivent monter.

« Lorsque Leurs Majestés parviendront par l'escalier d'honneur dans le premier salon, les dames du corps municipal leur seront présentées collectivement par madame la baronne Haussmann.

« Leurs Majestés seront conduites immédiatement dans la salle des Cariatides, où elles trouveront réunies les personnes désignées pour prendre place à la table impériale.

« Pendant ce temps, les dames du corps municipal, guidées par deux autres secrétaires du préfet, prenant soit à droite soit à gauche, suivant les indications de la carte qui leur aura été remise, suivront les galeries correspondantes des deux grands escaliers, traverseront les salons des Prévôts et entreront, par les salons des Arts, dans la salle du repas, où elles seront conduites à leurs places respectives.

« Elles y trouveront déjà placées les autres invitées.

« Lorsque toutes les places seront occupées, leurs Majestés, accompagnées des personnes composant leur suite, feront leur entrée dans la salle et seront conduites à la table impériale qui en occupera le centre.

« Tout le monde sera debout jusqu'à ce que Leurs Majestés se soient assises...

« Après le banquet, les membres et les dames du corps municipal se rendront, comme les autres convives, dans la grande salle formant l'extrémité de la galerie annexe, derrière le salon de l'Empereur où sera servi le café, puis dans le salon des Arcades, où Leurs Majestés seront conduites par une autre voie.

« MM. les membres et les dames du corps municipal sont priés de se trouver réunis dans la cour d'honneur pour saluer au départ Leurs Majestés, qui seront reconduites à leurs voitures avec le même cérémonial qu'à leur arrivée. »

Voici le menu du banquet qui a coûté 150,000 francs.

Potages :

Bisque d'écrevisses. — Printanier.

Relevés :

Turbots, sauce hollandaise. — Quartiers de chevreuils.

Hors-d'œuvre chauds :

Croustades à la Portugaise. — Bouchées aux crevettes.

Entrées :

Filets de bœuf à la Provençale. — Suprêmes de poulardes aux truffes. — Caisses de mauviettes à la financière. — Cailles de vigne à la jardinière. — Homards à l'Américaine. — Mayonnaises de filets de soles.

SORBETS.

Rots :

Dindonneaux truffés, sauce à la Périgueux. — Faisans de Bohême et bécasses. — Buissons d'écrevisses du Rhin. — Timbales de foies gras au malaga.

Entremets :

Petits pois à la française. — Patates d'Espagne au malaga. — Truffes au vin de Champagne. — Suprêmes de pêches. — Gelées d'ananas à l'orientale. — Gâteaux ambroisie glacés.

Dessert :

Fruits, raisins, ananas, compotes, pâtisseries, etc.

Madère frappé. — Château-d'Yquem frappé.— Château-d'Issan. — Romanée. — Château-Montroze. — Chambertin. — Rudesheimer. — Xérès. Champagne frappé. — Léoville-Poyféré. — Château-Laffitte. — Malaga. — Porto.

La table des souverains était disposée comme il suit :

La Table des Souverains

Son Exc. Djemil Pacha	S. A. le prince abbé Lucien Bonaparte.
Son Exc. le comte de Goltz	S. A. I. le duc de Leuchtenberg.
Son Exc. le baron de Budberg	Son Altesse la princesse Christine.
S. Exc. la princesse de Metternich	Son A. I. l'archiduc Louis-Victor.
S. M. l'empereur Napoléon	Son Altesse I. la princesse Mathilde.
S. M. la reine des Pays-Bas	Sa Majesté l'empereur d'Autriche.
S. M. le roi Louis Ier	Sa Majesté l'Impératrice.
Son Exc. la baronne de Budberg	S. A. I. l'archiduc Charles-Louis.
Mgr Chigi, nonce du Saint-Père	Son Altesse le prince Joachim.
Son Exc. le prince de Metternich	S. A. le prince Napoléon-Charles.
Son Exc. M. Mon	

Au dessert, l'empereur Napoléon s'est levé et a prononcé le toast suivant :

« Je bois à la santé de l'empereur d'Autriche, et « de l'impératrice Elisabeth, dont nous regrettons « vivement l'absence. Je prie Votre Majesté « d'agréer ce toast comme l'expression de nos « profondes sympathies pour sa personne, sa « famille et son pays. »

Quelques secondes après, l'empereur d'Autriche répondait en ces termes aux affectueuses paroles de notre souverain :

« Sire, je suis bien sensible au toast que vient « de me porter Votre Majesté. Lorsqu'il y a peu « de jours, j'ai visité à Nancy les tombeaux de mes « ancêtres, je n'ai pu m'empêcher de former un « vœu. Puissions-nous, me suis-je dit, ensevelir « dans cette tombe confiée à la garde d'une géné- « reuse nation toutes les discussions qui ont séparé « deux pays appelés à marcher ensemble dans « les voies du progrès et de la civilisation !

« Puissions-nous, par notre union, offrir un « nouveau gage de cette paix sans laquelle les « nations ne sauraient prospérer !

« Je remercie la ville de Paris de l'accueil qu'elle « m'a fait, car, — de nos jours, — les rapports

« d'amitié et de bon accord entre les souverains « ont une double valeur, puisqu'ils s'appuient sur « les sympathies et les aspirations des peuples. A « l'Empereur, l'Impératrice, au prince impérial... « à la France, à la ville de Paris. »

L'Hôtel-de-Ville est le monument le mieux agencé du monde pour les grandes réjouissances, et les fêtes de la préfecture de la Seine marquent dans la mémoire.

Les invités — je parle de ceux qui n'ont pas de couronnes — entraient par les pavillons latéraux, où ils changeaient leur carte d'invitation contre un autre ticket dont le verso était orné d'un plan mignon représentant la disposition des tables. Une astérisque indiquait à chacun la place de son couvert, en sorte qu'arrivé dans la salle du festin, rien n'était plus facile que de gagner sa chaise. J'ai compté quatre cents personnes — toutes en uniforme. On ne voyait l'habit noir que sur le dos des huissiers et sur celui des maîtres d'hôtel. Le service, fait par trois cents valets, s'effectuait calme et presque silencieux. L'aspect général était féerique.

Le fameux surtout de la ville de Paris, les vases de fleurs, les cristaux et les porcelaines éclairés par cinquante candélabres immenses combinant leurs feux avec ceux des lustres, brillaient au point d'éblouir les yeux. Ajoutez à cela les paillettes des uniformes, les étincelles des crachats et les éclairs des diamants... J'en sais qui sont devenus aveugles pour en avoir vu moins que ça.

Après le dîner, qu'ont terminé les toasts des deux empereurs, Leurs Majestés sont passées dans un petit salon où Elles se sont longuement entretenues avec les grands dignitaires français et étrangers qui les y avaient suivies.

L'impératrice Eugénie, vêtue d'une robe de taffetas surchargée d'agrafes et de franges de diamants et de rubis, était toute rayonnante de beauté. Sur le front de Sa Majesté brillait un double diadème, dont le premier cercle supportait le Régent. Notre souveraine a admiré l'élégance de l'accoutrement des Hongrois de distinction présents au banquet, et je l'ai entendue complimenter l'un d'eux sur la richesse de son uniforme.

— Les costumes pittoresques disparaissent tous les jours, a ajouté Sa Majesté, qui a déploré avec la commission de l'Exposition autrichienne la prochaine démolition du Palais de l'industrie, et a eu un mot aimable pour tous les personnages de la suite de François-Joseph.

De son côté l'empereur d'Autriche a complimenté nos ministres et nos maréchaux.

— Vos casernes sont superbes, a dit Sa Majesté au maréchal Canrobert.

La reine de Hollande ne s'est pas non plus montrée avare de gracieusetés. Quant au vieux roi de Bavière, qui portait ses quatre-vingts ans d'une façon toute gaillarde, il n'a cessé d'exciter le rire de ceux auxquels il s'adressait. Malgré son grand âge, Louis Ier était encore jeune et spirituel. Le Nestor des monarques européens — à sa surdité près — semblait avoir triché avec les années, qui n'avaient pas altéré la vigueur de sa constitution et la lucidité de ses facultés. Il nous faut aussi signaler le coup d'œil merveilleux de la grande place où affluaient les curieux. Les équipages de gala attendaient devant la façade, et leurs dorures, ainsi que la livrée des laquais, resplendissaient sous les illuminations du palais municipal et des bâtiments voisins.

Somme toute, le succès de la soirée a été pour l'empereur d'Autriche qui portait l'uniforme de général hongrois. Rien n'est plaisant à l'œil comme la pelisse de cachemire blanc soutachée d'or et bordée de martre zibeline jetée sur la veste rouge garnie de brandebourgs et de passementeries en filigrane. Le pantalon collant rouge et les bottes à la Souvarow complètent cette tenue avec le talpack de fourrure orné d'une aigrette diamantée. Ce costume faisait si bien ressortir l'élégance et la distinction plastique de François-Joseph, que toutes les dames présentes étaient unanimes à le déclarer le plus joli cavalier de la fête... On sait d'ailleurs que les Parisiennes sont connaisseuses.

Le lendemain de ce jour, les Souverains sont allés faire à Versailles une excursion qui a été favorisée d'un temps splendide.

Le Roi et la Reine de Portugal

Le Roi de Grèce

Le Prince de Galles

XIX

LE ROI ET LA REINE DE PORTUGAL

Accompagnées par M. le duc de Loulé, grand officier de la couronne, Madame la comtesse de Souza, dame d'honneur, Madame de Souza-Contenho, dame de Sa Majesté, M. le comte de Valle de Keis, et M. de Sabugosa, chambellan, M. le docteur Simas, médecin de Sa Majesté.

La reine Marie-Pie de Portugal, fille de Victor-Emmanuel, âgée de 20 ans, a épousé, en 1862, le roi dom Luis Ier, qui l'a accompagnée dans son voyage en France.

Elle est, paraît-il, grande chasseresse.

L'Empereur est allé au-devant de Leurs Majestés portugaises qui sont arrivées à Paris le 21 juillet 1867. M. Haussmann a offert au roi un banquet de 150 couverts à l'Hôtel-de-Ville.

La reine n'est venue qu'à dix heures pour le concert, auquel 800 personnes environ avaient été conviées ; parmi elles, on remarquait : le vicomte et la vicomtesse de Païva, les ministres, l'archevêque de Paris, etc.

Le toast au roi de Portugal a été porté par M. Haussmann.

Dans le concert, on a entendu Madame Miolan-Carvalho et une foule d'autres étoiles appartenant aux principaux théâtres lyriques de la capitale.

Le roi de Portugal est, de tous les souverains venus à Paris, celui qui s'est le plus fait remarquer par son extérieur affable.

S. M. et son auguste femme ont prouvé que la possession d'un trône n'exclut pas la simplicité des manières et le charme des rapports, et bien que prince d'un petit royaume, Don Luis Ier prendra sa place, nous n'en doutons pas, dans la liste des grands monarques.

S. M. LE ROI DE GRECE

Accompagné par MM. le général Hadgi Petros, premier aide de camp, le commandant Metaxa, aide de camp, de Funch, aide de camp, le lieutenant Colocotronis, officier d'ordonnance, Kriesi, officier d'ordonnance, Kodostamos, intendant du Palais, Feroglou, médecin de Sa Majesté.

Le roi actuel des Hellènes est Georges Ier, fils du roi de Danemark. Le roi de Grèce, en arrivant en France, n'a pas voulu qu'on lui rendît les honneurs militaires.

LE PRINCE DE GALLES

Accompagné par M. Frédéric Paulet, aide de camp, Tresdale, Royston et Alison, officiers d'ordonnance.

Le prince de Galles est le second fils de la reine d'Angleterre; président de la commission de l'Exposition, il a paru prendre sa tâche à cœur et il est, à coup sûr, un des princes que l'on a le plus vu au palais du Champ-de-Mars.

Il est marié depuis trois ans à la princesse Alexandra, fille du roi de Danemark.

Voici le menu d'un repas qui lui a été offert à l'Exposition :

Hors-d'œuvre et crevettes.

Turbot sauce hollandaise.

Filet de bœuf madère et tomates farcies.

Côtelettes d'agneau petits pois.

Poulet sauté chasseur.

Caneton de Rouen rôti.

Salades.

Asperges en branches sauce.

Velouté.

Tranches impériales.

Fraises, cerises, abricots.

Vins : Haut Sauterne, Saint-Julien.

Le prince a acheté là un tableau de M. Bougniet : *Un rêve après le bal.*

On trouve dans nos chapitres précédents, consacrés aux fêtes des Tuileries, des paragraphes où la sympathique personnalité du Prince de Galles est étudiée *in extenso.*

Nos autres Visiteurs

XX

NOS AUTRES VISITEURS

Il n'avait pas encore été donné à la ville de Paris de recevoir une telle affluence de nobles visiteurs.

Il est, en effet, bien facile de compter dans l'histoire le nombre de têtes couronnées que Paris a reçues...

En 1378, Charles V, dit le Sage, reçut la visite de Charles IV, empereur d'Allemagne; en 1539, François Ier reçut Charles-Quint.

En 1656, Christine, reine de Suède, vint habiter Fontainebleau; en 1685, un doge de Venise vint déposer aux pieds de Louis XIV les hommages de la ville.

En 1717, Pierre le Grand vint s'instruire et saluer le tombeau de Richelieu.

En 1771, Paris eut la visite de Gustave III; en 1777, celle de Joseph II.

Enfin, en 1855, Paris a reçu la reine d'Angleterre, le roi Victor-Emmanuel et le roi de Portugal; en 1856, le grand-duc Constantin; en 1857, le roi de Bavière; en 1865, le roi d'Espagne.

Cette année, quelle différence! en moins de six mois, Paris, outre les augustes visiteurs dont j'ai parlé au cours de ce livre, Paris a reçu :

LE COMTE DE FLANDRES

Est venu à Paris, accompagné de MM. d'Oultrenaout, Burnell et Arban.

Philippe, comte de Flandre, duc de Saxe, frère de feu le roi Léopold II, est âgé de 30 ans.

Il est né du mariage du roi Léopold avec la princesse Louise, fille du feu roi Louis-Philippe.

Colonel des guides belges, général major, il a en outre acquis, par le fait de son mariage avec une princesse de la famille royale de Prusse, le grade d'officier supérieur dans l'armée prussienne.

M. Arban, qui accompagnait le prince, a reçu de l'Empereur la grand'croix de la Légion d'honneur.

LE PRINCE OSCAR DE SUEDE

Accompagné de MM. Holtermann, attaché à la cour de S. A. R. et Otto Harmens, officier d'ordonnance.

Second fils du roi Oscar Ier et petit-fils du maréchal Bernadotte, sa mère était la fille du prince Eugène, oncle de Napoléon.

Le prince a 38 ans; marié depuis 1857 avec une princesse de Nassau, il a été nommé président de la commission royale suédoise près l'Exposition.

On a raconté de lui l'anecdote suivante :

Il se trouvait dans la section suédoise, quand plusieurs dames s'arrêtèrent devant l'exposition des bijoux en filigranes d'argent de Norwège. L'exposant étant absent, et ces dames paraissant désirer quelques explications, le prince quitta sa suite, et, s'avançant le chapeau à la main vers elles, leur demanda la permission de remplacer le bijoutier. Quand il eut terminé de donner des renseignements, ces dames lui demandèrent qui il était :

— Je suis le prince Oscar de Suède, répondit-il en s'inclinant, du ton dont on pourrait dire :

— Je suis commis de M. un tel.

Jugez de la stupéfaction des questionneuses !

LE DUC DE LEUCHTENBERG

Accompagné par MM. de Kehbinder, aide de camp, et de Mussard, secrétaire des commandements de Son Altesse.

M. le duc de Leuchtenberg, prince de Romanowski, par ukase du 6 décembre 1852, a reçu le titre d'Altesse Royale et est aide de camp de l'Empereur.

LE DUC ET LA DUCHESSE D'AOSTE

Accompagnés par M. le colonel Morra, premier aide de camp, M. Balbo, aide de camp, M. le capitaine comte Salvadego, officier d'ordonnance, Madame la comtesse de Castiglione, dame d'honneur de Madame la duchesse d'Aoste et M. le comte de Castiglione, chevalier d'honneur.

Le prince Amédée, duc d'Aoste, est le deuxième fils de Victor-Emmanuel, roi d'Italie.

Il est descendu au Palais-Royal, chez sa sœur la princesse Clotilde.

Il vient d'épouser une jeune femme célèbre par sa beauté, la princesse de la Cisterna.

Le jour de son mariage, il a doté de mille francs et marié six jeunes filles italiennes.

Cela ne rappelle-t-il pas le célèbre « don de « joyeux avénement? »

LE PRINCE ROYAL D'ITALIE

Accompagné par MM. le général Cugia, premier aide de camp, le colonel Ineisa, aide de camp, le capitaine Bertola et le lieutenant Brambilla, officiers d'ordonnance, M. Sereno, secrétaire des commandements, le capitaine de Reuzis, officier d'ordonnance du roi, le capitaine

Gianotti, officier d'ordonnance du prince, et le capitaine Cagni.

Le prince Humbert-Reinier, prince de Piémont, fils aîné du roi d'Italie, a 23 ans... sa mère était archiduchesse d'Autriche et s'appelait la princesse Adélaïde.

LE PRINCE ET LA PRINCESSE DE SAXE

Accompagnés par M. de Seufft-Pilsach, aide de camp du prince royal de Saxe, et la comtesse de Walwitz, dame d'honneur de Son Altesse Royale la princesse royale de Saxe....

Le prince Frédéric-Albert, prince royal de Saxe, est âgé de 39 ans, il s'est marié avec la princesse Wasa, petite-fille du roi de Suède Gustave IV.

16

Il est lieutenant général dans l'armée saxonne, colonel de chasseurs russes et colonel d'infanterie autrichienne.

Durant leur séjour à Paris, Leurs Altesses ont visité le Palais de justice et la Conciergerie.

Durant cette visite, la princesse royale de Prusse a rappelé avec beaucoup d'exactitude et de tristesse les diverses phases de la captivité de l'infortunée Marie-Antoinette.

MENTIONNONS ENCORE

MM. le duc d'Edimbourg, le prince et la princesse Adalbert de Bavière, le prince Hermann de Saxe-Weimar, le prince et la princesse de Hesse, le prince Frédéric de Hesse, le duc de Mecklembourg-Strelitz, le grand-duc et la grande-duchesse de Bade, le prince Charles de Bade, le grand-duc de Mecklembourg-Schwerin, le duc de Saxe Cobourg et Gotha, le prince Arthur d'Angleterre, le grand-duc de Saxe-Weimar, le prince Georges de Mecklembourg-Strelitz, le prince d'Arouge, le prince de Montenegro, le roi de Wurtemberg, le roi de Bavière, les princes de Hohenzollern, le duc et le comte de Wurtemberg, les princes d'Aldenbourg et la princesse Thérèse d'Aldenbourg.

Cette énumération prouve avec quel empressement les nations et les souverains se sont rendus à l'appel de notre pays.

Aussi un poëte a-t-il eu raison de placer dans la bouche de la France les belles paroles que je cite en terminant :

LA FRANCE.

Peuple, réjouis-toi. De tous les points du monde,
Traversant les déserts, les continents et l'onde,
Vers le vieux sol français accourt le genre humain.
Ce n'est plus un torrent de nations en armes
Apportant le deuil et les larmes :
C'est une invasion les outils à la main.

Invasion propice ! et rivalité sainte !
Le temple de la paix ouvre sa vaste enceinte
Aux trésors du travail, aux merveilles de l'art ;
Et voici se lever des pôles, des tropiques,
Pour ces nouveaux jeux olympiques,
Les lutteurs fraternels qui vont y prendre part.

O Français, soyons fiers ! car le pas est immense
De l'ère qui finit à celle qui commence :
Les haineux préjugés de race sont éteints.
Soyons fiers que ce soit sur les bords de la Seine
Que la grande famille humaine
Inaugure l'accord de ses futurs destins.

Tout en rendant hommage aux luttes de ces hommes
Qui nous ont précédés et faits ce que nous sommes,
Déposons sans regret le glaive des héros.
Guidés par les savants, émus par les poëtes,
Que nos pacifiques conquêtes
Accroissent le savoir, la vie et le repos.

Ouvrons, ouvrons nos cœurs à ce rêve ineffable !
L'inimitié toujours a bâti sur le sable,
Ce qu'elle croit fonder n'a pas de lendemain.
Les faits accumulés, les vérités acquises
Venant lui fournir des assises,
L'amour universel bâtira sur l'airain.

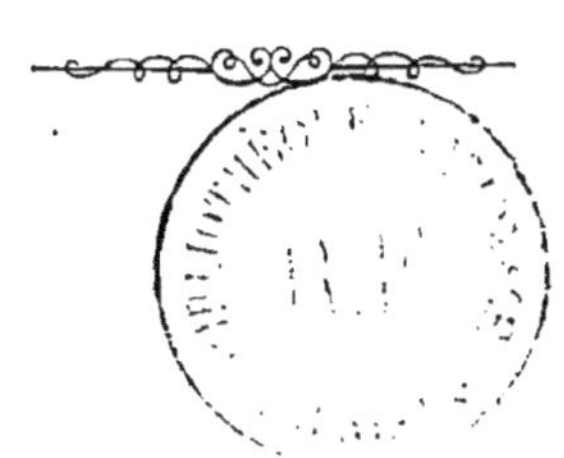

TABLE DES MATIÈRES

Paris. — Imprimerie Jules Bonaventure,
quai des Grands-Augustins, 55.

www.ingramcontent.com/pod-product-compliance
Lightning Source LLC
LaVergne TN
LVHW020550230826
846091LV00002B/441
9782014463859